I0051773

UNIVERSITÉ DE PARIS. — FACULTÉ DE DROIT

DE LA RÈGLE

EN FAIT DE MEUBLES

POSSESSION VAUT TITRE

THÈSE POUR LE DOCTORAT

PAR

Henri LEDIEU

PARIS

LIBRAIRIE NOUVELLE DE DROIT ET DE JURISPRUDENCE

ARTHUR ROUSSEAU, ÉDITEUR

14, RUE SOUFFLOT ET RUE TOULLIER, 13

1897

THÈSE

POUR LE DOCTORAT

2096

UNIVERSITÉ DE PARIS. — FACULTÉ DE DROIT

DE LA RÈGLE

EN FAIT DE MEUBLES

POSSESSION VAUT TITRE

THÈSE POUR LE DOCTORAT

L'ACTE PUBLIC SUR LES MATIÈRES CI-APRÈS

Sera soutenu le mercredi 28 avril 1897, à 2 heures 1/2

PAR

Henri LEDIEU

Président : M. BOISTEL.

Suffragants : { MM. LYON-CAEN, / CHAVEGRIN, } *professeurs.*

PARIS

LIBRAIRIE NOUVELLE DE DROIT ET DE JURISPRUDENCE

ARTHUR ROUSSEAU, ÉDITEUR

14, RUE SOUFFLOT ET RUE TOULLIER, 13

—

1897

DE LA RÈGLE :

« EN FAIT DE MEUBLES POSSESSION VAUT TITRE »

PREMIÈRE PARTIE

HISTORIQUE.

La règle de l'article 2279 étant généralement présentée comme une règle traditionnelle, il est nécessaire d'examiner quels ont été ses précédents, quelle a été sa genèse dans notre droit. Nous le ferons, du reste, assez brièvement, car cette question a été, au point de vue historique, traitée d'une façon complète (1), et il nous paraît superflu de revenir sur les discussions qu'elle a soulevées dans cet ordre d'idées. Nous nous contenterons d'en présenter une rapide esquisse.

A Rome, la distinction des choses en choses mobi-

---

(1) V. notamment, Jobbé-Duval, *Etudes historiques sur la revendication des meubles* ; Ortlieb, *Effets de la possession des meubles* ; Poincaré, *Du droit de suite dans la propriété mobilière* ; Van Bemmelen, *Le système de la propriété mobilière*.

lières et choses immobilières n'apparaît pas comme une *summa divisio*, s'appliquant à toutes les choses, mais comme une simple subdivision des choses corporelles. Les droits, choses incorporelles, ne sont pas touchés par elle. Mais cette division, même ainsi restreinte, ne comportait pas un intérêt pratique d'une portée vraiment générale. Sans doute, il y avait bien des différences entre le régime des meubles et le régime des immeubles, entre la propriété mobilière et la propriété immobilière, mais il n'y avait pas entre elles une opposition radicale de principes.

En effet, qu'il s'agisse de meubles ou d'immeubles, on distingue la possession et la propriété, possession et propriété restant absolument séparées et indépendantes, garanties, l'une par des interdits (interdit *utrubi* pour les meubles, interdit *uti possidetis* pour les immeubles) ; l'autre par l'action en revendication ; la possession prolongée, si elle revêt certaines conditions, peut conduire à la propriété aussi bien pour les meubles que pour les immeubles (*usucapio, longi temporis præscriptio*) ; enfin meubles et immeubles peuvent tous deux être des éléments de crédit pour leur propriétaire, et tous deux sont susceptibles d'hypothèques.

Ce n'est pas cependant, ainsi que nous l'avons indiqué plus haut, qu'il n'y ait certains points sur lesquels le régime des meubles et celui des immeubles ne soient séparés.

C'est suivant des règles quelque peu différentes que

s'exercent l'interdit *utrubi* et l'interdit *uti possidetis*. Tandis que pour réussir dans l'interdit *uti possidetis*, il faut avoir la possession actuelle, dans l'interdit *utrubi* il faut, pour triompher, avoir possédé pendant un temps plus long que son adversaire dans l'année immédiate- ment antérieure à l'émission de l'interdit. « *Utrubi hic homo, de quo agitur* », dit la formule même de cet in- terdit, « *majore parte hujusce anni nec vi, nec clam, nec precario ab altero fuit, quominus is eum ducat, vim fieri veto.* » Cet interdit, au lieu d'être simplement un inter- dit *retinendæ possessionis* est donc, non seulement au cas où la possession de l'adversaire est vicieuse, mais au cas où l'on satisfait à la condition d'avoir dans l'an- née possédé plus longtemps que lui, un interdit *recu- perandæ possessionis* qui permet de le déposséder. Au surplus, Justinien fit disparaître cette différence, et assimila l'interdit *utrubi* et l'interdit *uti possidetis*, en faisant dans tous les cas triompher le possesseur actuel. A l'époque de Justinien, il y a donc, à ce point de vue, ressemblance entre le régime des meubles et le régime des immeubles : d'une part possession avec les inter- dits, d'autre part propriété avec l'action en revendica- tion (1).

De même la revendication, en matière mobilière comme en matière immobilière, pouvait échouer, quand l'adversaire prétendait avoir acquis la propriété par'

(1) Voyez sur tous ces points : Girard, *Manuel élémentaire de droit romain*, p. 206 et sq.

usucapion, plus tard par *longi temporis præscriptio*.
Mais, et c'est là une différence qui subsista jusqu'à la fin
du droit romain, le délai de l'usucapion, en droit clas-
sique, de la *longi temporis præscriptio*, sous Justinien
quand elle fut devenue un mode d'acquérir et n'engen-
dra plus seulement un moyen de défense opposé à l'action en revendication, ce qui était son rôle en droit
prétorien, était différent suivant qu'il s'agissait de meubles ou d'immeubles. Le délai de l'usucapion était d'un
an pour les meubles, de deux ans pour les immeubles ;
le délai de la *longi temporis præscriptio* était de trois ans
pour les meubles, de dix à vingt ans pour les immeubles (1).

De plus, il y avait certaines catégories de choses qui
ne pouvaient être acquises par la possession prolongée,
notamment des choses qui, faisant partie du patrimoine,
sont sorties des mains du propriétaire par suite d'un fait
délictueux. La loi des XII Tables prohibe en effet l'usucapion des choses volées, prohibition renouvelée du
reste par la loi Atinia à la fin du VIe siècle de Rome (2).
Cette règle qui ne paraît viser dans le droit le plus ré-
cent que les personnes autres que le voleur, qui auraient,
par la suite, acquis la chose, a dû sans doute à l'origine
s'appliquer au voleur lui-même. Il est en effet très pro-
bable que dans l'ancien droit, on n'exigeait ni juste titre
ni bonne foi (3). La possession d'un meuble, pourvu

(1) V. Girard, *op. cit.*, p. 287 et *sq.*
(2) V. Girard, *op. cit.*, p. 296.
(3) V. Girard, *op. cit.*, p. 293, texte et note 1.

qu'elle eût été prolongée pendant un an, suffisait alors
à faire acquérir la propriété.

Cette disposition n'avait pas trait aux immeubles,
puisque d'après l'opinion qui l'a emporté, les immeubles ne sont pas susceptibles de vol, et il a fallu une loi
spéciale (Loi *Plautia*) pour défendre l'usucapion des
choses enlevées par violence (1). Le vice de furtivité ne
s'appliquait donc qu'aux meubles : différence considérable entre les deux catégories de choses : mobilières et
immobilières.

Or l'extension très grande de la notion du *furtum* rendait presque impossible en général l'usucapion des
meubles. C'est qu'en effet, le vol consiste non seulement dans la soustraction frauduleuse de la chose d'autrui, mais dans l'acte d'appropriation frauduleuse de
cette chose (*contrectatio rei alienæ fraudulosa*) : vendre
et livrer sciemment la chose d'autrui, c'est commettre
un vol. Or, comme l'usucapion suppose l'acquisition
a non domino, il semble bien que toute usucapion des
meubles soit impossible, et la règle qui permet d'usucaper les meubles n'aurait été, dans la loi romaine,
qu'un principe purement théorique, sans aucune application. Il y aurait eu alors, dans la pratique, une différence très importante entre les meubles et les immeubles.

Pareille idée serait inexacte, et les jurisconsultes

(1) V. Girard, *op. cit.*, p. 296, texte et note 4.

romains en signalaient déjà la fausseté. D'une part, le meuble volé peut être usucapé à partir du moment où le vice de furtivité a été purgé, c'est-à-dire quand la chose est revenue entre les mains du propriétaire, et aussi quand celui-ci a recouvré la possibilité de la ré-clamer (1). D'autre part, il peut se faire qu'il y ait du *non dominus* qui aliène la chose une simple erreur soit de fait, soit de droit, au lieu de l'intention de voler ; par exemple, l'héritier du dépositaire, du locataire, du commodataire, aliène la chose déposée, louée ou pré-tée, la croyant chose héréditaire (erreur de fait) ; l'usu-fruitier d'une femme esclave aliène le part de l'es-clave, croyant qu'il lui appartenait en tant qu'usufruitier (erreur de droit) (2).

Il apparaît donc, en résumé, que, à Rome, la pro-priété et la possession sont absolument séparées en matière de meubles, que la possession d'un meuble est en tant que possession garantie par un interdit (interdit *utrubi*), et que le propriétaire d'un meuble dépourvu de la possession, peut revendiquer ce meuble entre les mains des tiers, sauf pour les tiers le droit d'opposer l'usucapion, ou la *longa temporis præscriptio*, rendues plus rares par la prohibition de l'acquisition des *res fur-tivæ* par la possession prolongée, mais possibles pour-tant dans un certain nombre d'hypothèses.

Ce système qui en lui-même ne paraît avoir rien d'ini-

(1) V. Girard, *op. cit.*, p. 297, note 2.
(2) V. Girard, *op. cit.*, p. 297.

que, et qui ne semble avoir apporté à Rome aucun trouble dans la possession et la jouissance paisible des choses, apparaît donc comme en opposition complète avec la maxime de l'article 2279 du Code civil. Faut-il donc chercher dans les traditions germaniques ou dans notre droit coutumier l'origine de notre règle ?

Il paraît certain que les Germains et les Francs connaissaient et admettaient la propriété individuelle des choses mobilières, propriété la plupart du temps manifestée par des signes extérieurs, par exemple des marques apposées sur les choses qui lui appartiennent par le propriétaire de ces choses. Ce point ne semble plus aujourd'hui discuté ; mais la question se pose alors de savoir comment cette propriété était protégée. Le propriétaire d'un meuble est dépouillé : a-t-il une action pour recouvrer sa propriété, et si on admet l'affirmative, quelle sera cette action ?

La thèse traditionnelle est que l'action en revendication mobilière n'existait pas dans les coutumes germaniques, ni dans les lois barbares. Le nombre des actions se trouve en effet très limité à ces époques primitives, et celles qui existent ont des formes minutieusement réglementées par la loi. Or, si on se reporte par exemple à la loi Salique, il est facile de constater qu'elle garde le silence le plus complet au sujet de l'action en revendication. N'est-il pas permis d'en conclure que cette dernière n'existait pas (1) ?

(1) V. M. Lefebvre à son *Cours de droit coutumier* (1894-1895). —

Mais cela ne veut pas dire que toujours et dans tous les cas le propriétaire d'un meuble, lorsqu'il est dépouillé, ne puisse pas recouvrer l'objet qui lui appartenait. Il était impossible de consacrer pareille injustice, et si l'action en revendication n'est pas donnée, les Germains ont, par des distinctions très simples visant à peu près toutes les hypothèses pratiques, assuré en nombre de cas le recouvrement de l'objet au profit du propriétaire dépouillé.

La perte de la possession peut provenir d'un fait involontaire (vol, perte) ou au contraire résulter du fait volontaire du propriétaire qui a remis par exemple une chose à un tiers à titre de dépôt ou de prêt et auquel ce tiers refuse de restituer la chose ainsi déposée ou prêtée.

Au premier cas, il naît au profit du propriétaire une action *ex delicto*, destinée à la réparation du préjudice, et cela, que la dépossession ait pour cause un vol ou simplement la perte de la chose, car l'individu qui trouve un objet perdu doit accomplir certaines formalités, leur non-accomplissement engage sa responsabilité et par conséquent peut constituer un délit ; il n'y a donc rien d'étonnant à ce qu'une action délictuelle naisse même au cas de perte de la chose (1).

Les moyens accordés en cette première hypothèse au

Cf. Poincaré, *op. cit.*, p. 20 et *sq.* ; Jobbé-Duval, *op. cit.* ; Ortlieb, *op. cit.* Ces auteurs ne diffèrent que sur l'explication de l'absence du droit de suite en matière mobilière.

(1) Cf. Poincaré, *op. cit.*, p. 27.

propriétaire dépouillé sont, soit extrajudiciaires soit judiciaires : extrajudiciairement, le propriétaire, après avoir appelé ses voisins, suit les traces de la chose (*vestigia minat*) (1) et fait chez l'individu qu'il soupçonne une perquisition à laquelle celui-ci ne peut s'opposer sans être considéré comme voleur. On punit d'ailleurs les perquisitions imprudentes par la perte d'un enjeu déposé sur le seuil par celui qui fait la perquisition.

La procédure semble alors différente suivant que l'objet est retrouvé ou non dans les trois jours qui suivent le vol, suivant qu'il y a, si l'on veut, délit flagrant ou non.

Nous ne voulons pas entrer dans l'examen des difficultés historiques qu'a fait naître à ce point de vue l'obscurité des textes. La loi des Ripuaires déclare, au premier cas, que le volé pourra lier le voleur et l'amener en justice. Si celui-ci conteste, le propriétaire dépouillé fera jurer par six témoins que l'objet lui a été volé et retrouvé dans les trois jours entre les mains de l'adversaire. Puis, ajoute la loi, *revocat absque intertialo* (2).

La traduction de ces quelques mots, et notamment des derniers, a donné lieu à des difficultés assez graves. Il nous paraît plus exact de traduire avec M. Poincaré, le volé emporte sa chose sans entiercement (3). Il re-

---

(1) Loi salique, t. XXXVII, loi des Ripuaires, t. XLVII.
(2) Loi des Ripuaires, XLVII, 1.
(3) Cf. Poincaré, *op. cit.*, p. 32 et *sq*.

couvre la possession de la chose volée, sans que celle-ci soit pendant l'instance mise aux mains d'une tierce personne chargée de la conserver, et c'est ce qui constituerait la différence entre ce premier cas et l'hypothèse où au contraire le délit n'est pas flagrant, où la chose est retrouvée entre les mains d'un tiers plus de trois jours après le vol. En ce cas, après constatation de l'identité de la chose, il y a, disent les textes, *missio manus in rem*, ce que l'école française explique de la manière suivante : il y aurait, en ce cas, saisie de l'objet trouvé, puis remise en mains tierces de la chose (1).

Après ces diverses formalités s'engage la procédure judiciaire. Mais, ce qui est remarquable, le débat s'engage alors non sur la question de propriété, mais sur la question de vol. Ou bien le défendeur trouve un garant, et il est libéré de l'action, à moins que cependant le garant ne vienne en justice et refuse de le défendre, cas auquel le voleur perdra son procès d'après la loi Ripuaire (2), ou bien il n'en trouve pas : alors si la plainte est reconnue fondée, le demandeur a droit à la restitution de l'objet, et le voleur est puni d'une amende ; si au contraire la demande n'est pas fondée, c'est le demandeur qui est condamné à l'amende.

Sans doute, en un certain sens, on peut dire que par cette action, le propriétaire dépouillé peut poursuivre la chose entre les mains des tiers, qu'il y a un droit de

_____

(1) Cf. Poincaré, *op. cit.*, p. 38 et *sq.*
(2) Loi des Ripuaires, XXXIII, § 3.

suite en matière mobilière et que cette action sanctionne
le droit de propriété, puisqu'elle est accordée au propriétaire non possesseur contre le possesseur actuel,
mais si le droit de propriété doit ainsi être invoqué dans
le débat, ce n'est qu'accessoirement pour permettre la
constatation juridique du vol. Il n'y a donc pas d'action
en revendication proprement dite, fondée uniquement
sur le droit de propriété du demandeur. En cette première hypothèse (dépossession involontaire) il n'existe
qu'une action délictuelle née du fait du vol ou de la
perte (1).

Mais la dépossession peut, avons-nous dit, être volontaire. Ici encore, aucune action en revendication
n'est donnée au propriétaire dépossédé. Un individu
se dessaisit d'une chose qui lui appartient, il la remet
entre les mains d'un dépositaire, d'un gagiste, et ceux-ci
refusent de la restituer. On accorde simplement au propriétaire une action personnelle *de re præstita* contre celui avec qui il avait traité. Et l'on arrive ainsi à décider
que, si le dépositaire, par exemple a aliéné l'objet, le
propriétaire n'a contre le tiers aucune action, pas plus
qu'il n'a contre le dépositaire infidèle une action *ex delicto*, car l'abus de confiance n'est pas assimilé au vol.
C'est qu'en effet, au cas de dépossession volontaire, le
propriétaire abdique les droits inhérents à sa possession,
tous droits sur la chose appartiennent désormais à ceux
avec lesquels il a traité, et qui ne sont liés envers lui

(1) M. Lefebvre à son cours.

que par une promesse de restitution sanctionnée par une action personnelle : c'est cette action personnelle seule que le déposant pourra intenter contre le dépositaire infidèle (1).

Les textes ne visent au surplus que l'aliénation faite de mauvaise foi, et cela se comprend fort bien, puisque toutes ses distinctions sont basées sur les faits courants de la vie juridique de l'époque, sur la pratique même, et que l'usage des marques en matière de meubles, usage dont nous avons parlé plus haut, rendait très difficile sinon impossible l'aliénation de bonne foi d'un meuble par l'individu non propriétaire.

Que si enfin le dépositaire n'a pas aliéné la chose mais l'a perdue ou si elle lui a été volée, c'est à lui qu'appartient (et nous voyons là encore une application de cette idée que le dépositaire jouit de tous les droits inhérents à la possession, marque extérieure de la propriété) l'action *ex delicto* née du vol ou de la perte : le déposant n'a ici encore que le secours de l'action contractuelle fondée sur l'obligation de restituer.

L'inexistence de l'action en revendication à l'époque barbare constitue une première différence très importante avec la théorie romaine, et elle entraîne immédiatement, comme conséquence naturelle, l'absence d'usucapion, d'acquisition par la possession prolongée. L'utilité de l'usucapion ne peut en effet se concevoir que pour permettre au possesseur qui réunit les qualités

(1) M. Lefebvre à son cours.

requises par la loi, de repousser la demande du revendiquant par l'affirmation d'un droit rival, né de cette
possession prolongée pendant le délai légal. Or, dans
la théorie que nous venons d'exposer, il n'y a jamais
conflit sur la propriété, il y a une action *ex delicto* ou
ex re præstita, jamais il n'existe d'action fondée sur l'affirmation du droit réel de propriété. Tandis que, par
exemple, en droit romain, le vol, et il est nécessaire de
remarquer que ce mot a pris en droit barbare un sens
plus restreint, puisqu'il ne comprend plus l'abus de confiance, empêchait simplement l'usucapion et permettait
au propriétaire d'intenter la *rei vindicatio* sans craindre
de trouver en face de lui un autre droit de propriété ré-
sultant de l'usucapion ou de la *longi temporis præscriptio*;
en droit germanique le vol a un tout autre effet : donner
au propriétaire une action pour recouvrer sa chose,
alors qu'en règle générale il est privé de toute action.

Cet état du droit persista d'ailleurs jusqu'au XIVᵉ siècle, mais dans ses grandes lignes seulement, car, bien
que la théorie n'ait pas été changée d'une façon complète, et que le principe que les meubles n'ont pas de
suite ait été maintenu, il intervint sur certains points
quelques modifications.

D'une part, le principe est maintenu : « Si aucun
requiert une chose comme sienne, » lit-on dans Des-
fontaines, « notre usage ne reçoit pas telle action, il
doit dire : je requiers cette chose comme m'ayant été

volée ou par moi perdue (1). » De même certaines conséquences existent encore, et au cas de dépossession volontaire, le propriétaire n'a qu'une action contractuelle contre celui avec lequel il a traité (2).

Des changements furent au contraire apportés au cas de dépossession involontaire. On a créé en effet à côté de l'action délictuelle née du vol, une autre action qui paraît être elle aussi délictuelle : l'action de chose emblée. Le demandeur n'attaque pas ainsi le défendeur, ne l'accuse pas de vol, il prétend seulement que la chose qui se trouve entre les mains d'un tiers quelconque lui a été volée ; et c'est pour ce motif que l'action de choses emblées peut être intentée non seulement contre le voleur, mais contre tout détenteur actuel de la chose (3). D'autre part, au cas de perte, on a désormais l'action de chose adirée, où la demande porte seulement sur la restitution de la chose, sans que le demandeur dont les prétentions ne sont pas justifiées soit passible d'une amende (4).

Telle est la théorie au XIIIᵉ siècle au point de vue des actions qui peuvent être intentées ; ajoutons une modification importante en ce qui concerne le résultat même

(1) T. XII, n° 3.
(2) Cf. Poincaré, *op. cit.*, p. 44 et *sq.* et textes cités.
(3) Cf. M. Lefebvre à son cours ; Jobbé-Duval, *op. cit.* — M. Poincaré, *op. cit.*, p. 54 et *sq.*, soutient au contraire qu'il y avait une même action, action de vol et de chose emblée, qui se pliait aux diverses exigences de la pratique (V. notamment cette conclusion, p. 58).
(4) Cf. Poincaré, *op. cit.*, p. 65 et *sq.*, textes et autorités cités.

de l'action. Les Etablissements de Saint-Louis avaient déjà décidé que, au cas d'acquisition de bonne foi d'une chose mobilière à la foire de Pâques, quand l'acquéreur serait attaqué par le propriétaire, ce dernier devrait lui rembourser le prix d'acquisition (1) et Beaumanoir augmente les cas de restitution du prix, en étendant cette disposition à tous les cas d'acquisition dans un marché public (2).

Tel est l'état du droit que nous trouvons en France au moment de la renaissance du droit romain. Les principes juridiques romains ont eu sur toutes les matières du droit une influence prépondérante : quelle fut dans cette matière la part faite aux jurisconsultes classiques et aux réformes de Justinien ? Telle est la question que nous allons examiner maintenant.

Sous l'influence des idées romaines, la revendication mobilière, et à sa suite l'usucapion des meubles allait prendre chez nous une place que les traditions germaniques ne lui avaient pas jusqu'alors permis d'occuper, et il semble que jusqu'au XVIII° siècle la tendance du droit français fut d'admettre d'une façon de plus en plus complète sur le point qui nous occupe, les théories du droit romain.

A la fin du XIV° siècle, en effet, le Grand Coutumier (3) et la « Somme rurale » de Bouteiller ne laissent, semble-t-il, aucun doute sur l'admission de la revendica-

(1) Etab., liv. II, ch. 17 (ch. 18 de l'édition Viollet).
(2) Ch. XXV, n° 22. V. cependant ch. XXXIV, n° 47.
(3) L. II, ch. 33.

tion en matière mobilière. « Tout veu, » lit-on dans ce
dernier ouvrage, « il fut dit que le droit de revendication
sortirait et tiendrait lieu, nonobstant coutume du contraire, laquelle en cette partie n'était pas tolérable contre
le droit écrit » (1). Désormais il y a au profit du propriétaire de meubles qui a perdu la possession une action
en revendication fondée sur le droit de propriété ; le
propriétaire peut suivre entre les mains des tiers le
meuble qui lui appartient ; le droit de suite existe en
matière mobilière comme en matière immobilière.

Ce n'est pas que, dès le début de cette nouvelle période,
un changement complet fût accompli. Il n'y eut pas, entre l'époque où pour les meubles il n'y avait que des actions personnelles, délictuelles ou contractuelles, et celle
où l'action réelle en revendication s'établit en France
d'une façon complète, une transition brusque. Les changements dans la procédure comme les changements dans
le fond même du droit ne se font pas ainsi en un seul
jour, et il y eut au début, au XIV° siècle, un moment où
tandis que la revendication portait l'empreinte du caractère délictuel de l'ancienne procédure, les actions
délictuelles reflétaient dans une certaine mesure le caractère de la demande nouvelle.

La perquisition domiciliaire de jadis a disparu, la
victime du vol est réduite à une sorte d'*actio ad exhi-
bendum* ; la notion du vol prend sous l'influence romaine
une extension considérable, et dès cette époque l'abus

(1) L. I, t. 43.

de confiance est puni comme un délit (1). Puis, la victime pouvait, au lieu de se porter directement accusatrice, se borner à une simple dénonciation, cas auquel elle avait le droit, si son dire n'était pas reconnu exact, de se désister et d'éviter ainsi une amende, pourvu qu'elle consentit à affirmer sa bonne foi par serment (2). L'influence romaine se retrouve même jusque dans le nom que Bouteiller donne à cette action : il l'appelle *action de furtive*.

La revendication suit de son côté certaines règles spéciales de compétence. Le Tribunal compétent est en effet, et cela semble indiquer que le possesseur actuel du meuble est toujours considéré comme quelque peu suspect (sorte de survivance du caractère délictuel des anciennes actions), le Tribunal du lieu de la découverte. Quoi qu'il en soit, c'est bien une action civile, et deux exemples cités par Bouteiller le démontrent d'une façon certaine.

Un marchand confie une pièce de toile à blanchir ; le blanchisseur engage celle-ci chez un juif, qui est du reste de bonne foi et croit que la toile appartient à son débiteur. Le propriétaire intente la revendication contre le juif, détenteur actuel de la chose. Le demandeur expose son droit, et fait preuve de sa propriété. Le défendeur lui oppose qu'il n'a pas agi par l'action pénale, qu'il doit être débouté, et que subsidiairement, il doit

(1) Boutaric, *Actes du parlement de Paris*, n° 5799.
(2) Coutume d'Anjou de 1411, n° 106.

l'indemniser et lui rembourser la somme par lui prêtée.
Le demandeur réplique qu'il agit par la revendication,
qu'il réclame la chose comme sienne et qu'elle doit lui
être rendue, puisqu'il a prouvé son droit de propriété ;
il gagne son procès.

Le deuxième exemple est non moins caractéristique :
un bourgeois de Tournai perd sa cotte de mailles, il la
trouve chez un fripier, et intente contre celui-ci non pas
l'action de chose adirée, la seule possible autrefois, mais
la revendication. Même moyen de défense, même réponse du demandeur, et ici encore le jugement fut favorable à ce dernier.

L'ancien droit est saisi en quelque sorte dans ces deux
exemples en lutte avec le droit nouveau. Mais la très
grande majorité des coutumes consacre le droit nouveau, les auteurs le signalent : « Pour simples meubles,
dit Loysel, on ne peut intenter complainte, mais en
iceux échet aveu et contre-aveu » (1). Et à l'époque où
fut achevée la rédaction des coutumes, il se trouve que
presque partout l'existence de la revendication, de l'action réelle mobilière, avait été proclamée (2).

(1) L. V, t. 4, § 15. Cf. Charondas le Caron, *Pandectes du droit
français*, l. IV : « Et en cette action (la revendication) est traitée la
propriété de la chose soit mobiliaire soit immobiliaire et chacun la
vindique et maintient luy appartenir. »

(2) A côté de la revendication telle que nous l'avons décrite plus
haut, existait dans les coutumes de l'ouest une procédure un peu
différente, l'aveu et contre-aveu, caractérisée surtout par ce fait
que, après la saisie de la chose par le sergent et assignation à com-
paraître à huitaine donnée au détenteur, celui-ci devait contre-
avouer, c'est-à-dire opposer une prétention rivale à celle du demandeur.

En même temps que la théorie romaine triomphait
dans la revendication des meubles, s'introduisaient
chez nous par une sorte de conséquence forcée les principes romains de l'usucapion. Du moment en effet que
le propriétaire pouvait revendiquer son meuble entre
les mains des tiers, on concevait facilement que le détenteur actuel pût dans certaines conditions, juste titre
et bonne foi, opposer au revendiquant un moyen de défense tiré d'un droit de propriété né de la possession
prolongée, et les nécessités économiques conduisaient
à admettre, en matière de meubles comme en matière
d'immeubles, l'acquisition par prescription.

Pourtant, la plupart des coutumes gardaient le silence sur l'usucapion des meubles, et comme celles qui
s'étaient expressément prononcées variaient à l'infini
pour la fixation du délai d'usucapion (1), la question se
posait de savoir quel serait le délai admis dans les coutumes muettes. L'opinion à laquelle paraissait s'être
ralliée la majorité des auteurs, exigeait le délai de trente
ans.

Quoi qu'il en soit, et c'est un point absolument certain, la théorie romaine sur les choses furtives était
admise dans le droit coutumier français. Les meubles
volés sont imprescriptibles, et le vol a pris toute l'extension romaine, comprenant par conséquent à la fois
le vol proprement dit et l'abus de confiance.

Pourtant, il serait inexact de croire que la théorie

(1) Cf. Poincaré, *op. cit.*, p. 79.

romaine de la propriété mobilière fût passée tout entière dans les coutumes. Sans doute, en matière de
meubles, la possession et la propriété ne se confondent
pas, la possession prolongée est même un mode d'acquérir la propriété ; mais d'une part la possession d'un
meuble n'est pas dans l'ancien droit français protégée
pour elle-même, en tant que possession, droit distinct
de la propriété, comme elle l'était à Rome par les interdits ; et d'autre part le droit de suite en matière mobilière qui, à Rome, s'entendait non pas seulement du
propriétaire mais du créancier hypothécaire à l'encontre des tiers détenteurs, ne s'entend plus chez nous que
du propriétaire. La vieille maxime : « Meubles n'ont
pas de suite » s'est restreinte, et désormais le propriétaire peut bien suivre sa chose entre les mains des tiers,
mais on dit encore : « Meubles n'ont pas de suite par
hypothèque ».

Et d'abord il n'y a pas d'actions possessoires mobilières. Il peut paraître étonnant que la possession, alors
qu'elle est distincte de la propriété, ne soit pas protégée
par une action spéciale. On conçoit assez bien que, tant
que le propriétaire dépouillé n'avait à l'encontre du
possesseur actuel qu'une action criminelle, tant que la
justice gardait pendant l'instance le meuble litigieux,
les actions possessoires n'aient guère de raison d'être.
Pourtant Beaumanoir, faisant l'application de la maxime : « *Spoliatus ante omnia restituendus* », admettait
même à cette époque une sorte de réintégrande, et il

accordait même au voleur, auquel le propriétaire avait
enlevé de force la chose volée, le moyen possessoire,
une « nouvelle dessaisine ». C'est le nom qu'il lui donne
sous réserve naturellement des voies pétitoires qui res-
taient ouvertes au propriétaire (1). Mais ce ne fut là
qu'une théorie isolée comme le fut celle de Bouteiller
au XIVᵉ siècle lorsqu'il écrit : « Se peut asseoir complainte de nouvelleté sur une chose mobilière (2) ». C'est
que le refus des voies possessoires en matière mobilière,
conséquence de l'ancienne procédure, subsistait alors
que la procédure elle-même avait disparu; et cette théorie était trop en harmonie avec les tendances féodales
qui n'attachaient aux meubles aucune importance, pour
que les tentatives, juridiquement et logiquement exactes de quelques auteurs, pussent triompher de la force
des traditions.

Nous avons dit d'autre part que le droit de suite en
matière mobilière avait chez nous un champ d'application moins vaste qu'en droit romain. Le propriétaire
seul, non le créancier hypothécaire, pouvait suivre le
meuble entre les mains des tiers. L'hypothèque s'introduit chez nous au XIVᵉ siècle ; mais au lieu de naître
comme à Rome d'un simple pacte, elle ne peut résulter
que d'un acte authentique, mais en revanche tout acte
authentique entraîne de plein droit, même sans convention spéciale, une hypothèque générale sur tous les biens

(1) XXXII, 15.
(2) L. I, t. XXXI, p. 189.

du débiteur, sur ses meubles comme sur ses immeubles. Mais, tandis que pour les immeubles, l'hypothèque confère au créancier à la fois un droit de suite et un droit de préférence, pour les meubles le droit de suite n'existe pas. « Si sachez, dit Bouteiller, que l'obligation sur les biens meubles ne contraint et ne lie l'obligé que s'il demeure en la possession de ses biens » (1). C'est que le droit de suite sur les meubles au profit du créancier hypothécaire, était plus dangereux et plus gênant pour le commerce, pour la circulation des biens que le droit de suite au profit du propriétaire. L'exercice de celui-ci suppose un propriétaire dépouillé ; au contraire, admettre le premier, c'eût été mettre le débiteur dans l'impossibilité d'aliéner aucun de ses biens. L'hypothèque ne comportait donc à cette époque qu'un droit de préférence au profit du créancier.

Pourtant, une théorie quelque peu différente s'était fait jour, théorie qui n'a pas prévalu, mais qu'il est utile de signaler, car un examen superficiel pourrait y faire voir l'origine de l'article 2279. Le droit de suite sur les meubles serait accordé aux créanciers hypothécaires à l'encontre des tiers détenteurs de mauvaise foi. Il y aurait là une ébauche de la théorie moderne de la possession mobilière, tentative de protection des acquéreurs de bonne foi. Mais cette idée est inexacte. La règle ainsi posée est une application de l'action Paulienne, du droit qu'a tout créancier, hypothécaire ou non, de faire

(1) L. I, t. X, t. XXV, p. 136.

résoudre un contrat passé par son débiteur en fraude de
ses droits (1).

Quoi qu'il en soit, l'hypothèque mobilière, ainsi réduite au droit de préférence, admise dans cette mesure
par l'article 170 de la première rédaction de la coutume
de Paris, disparut bientôt complètement. Certaines coutumes, il est vrai (Maine, Anjou, Normandie, Bretagne),
conservèrent la notion ancienne, mais la coutume de
Paris (art. 179 de la 2ᵉ rédaction) supprime complètement l'hypothèque sur les meubles. Et il faut avouer
que l'hypothèque sans droit de suite est vraiment un
droit trop illusoire, pour que l'on ait songé à maintenir l'hypothèque mobilière d'autant plus que le créancier pouvait exiger de son débiteur, la mise en gage de
tels meubles donnés, sûreté réelle à coup sûr plus effi-
cace que le droit hypothécaire, dont le bénéfice pouvait
être réduit à néant par une aliénation. La maxime
« Meubles n'ont pas de suite » ne s'applique donc plus
qu'à l'hypothèque, et cette nouvelle règle : « Meubles
n'ont pas de suite par hypothèque » a deux sens bien
différents. Dans quelques coutumes, elle signifie que
l'hypothèque des meubles n'entraîne pas de droit de
suite, mais comporte un droit de préférence ; dans le
droit commun coutumier elle veut dire que l'hypothèque mobilière n'existe pas. « La vulgaire règle du droit
français, lit-on dans Charondas le Caron, que meuble
n'a pas de suite est entendue pour le regard de l'hypo-

(1) Cf. Poincaré, *op. cit.*, p. 82 et 83.

thèque, à savoir qu'en meubles hypothèque n'a pas
lieu. »

Telle fut la part de l'influence romaine sur la théorie
traditionnelle du moyen âge.

Au début du XVIIIe siècle, le droit de suite est admis
en matière de meubles au profit du propriétaire, et
comme contre-partie, on admet l'usucapion des meubles. Or, à part les difficultés que nous avons signalées
plus haut sur le délai même de l'usucapion, et que Pothier résout par une distinction, exigeant un délai de
trente ans, s'il manque au défendeur juste titre ou bonne
foi, un délai de 3 ans s'il a juste titre et bonne foi (1),
s'en élevaient d'autres plus graves sur la preuve même
de ces conditions, et notamment celle du juste titre.
C'est qu'en effet l'ordonnance de Moulins de 1556 avait
exigé dans son article 47 la preuve par écrit de toutes
conventions dont l'intérêt dépassait 100 livres. Par
suite, dans tous les cas où il y aurait eu vente de meubles d'une valeur supérieure à cette somme, le possesseur aurait dû rapporter la preuve par écrit de l'acte en
vertu duquel il possédait. C'était là une nécessité contraire à tous les usages, la célérité des transactions mobilières ne s'accordant nullement avec la rédaction d'un
écrit. Comment donc assurer la preuve du juste titre et
de la bonne foi dans l'usucapion des meubles ? Telle
était la première difficulté.

(1) *Traité de la possession et de la prescription* (édit. 1777), t. 2,
2e partie, art. 3, n. 205, p. 338.

Puis, était-il juste qu'avant l'expiration de ce délai de trois ans dans les conditions requises, les acquéreurs de bonne foi fussent inquiétés par le propriétaire ? Ne convenait-il pas, dans l'intérêt du commerce et des transactions mobilières, qu'on allât plus loin, et que dans une mesure qu'il conviendrait ensuite de déterminer, on limitât le champ d'application de l'action en revendication ?

Les jurisconsultes du XVIIIᵉ siècle essayèrent de remédier à ces deux ordres de difficultés et leurs tentatives aboutirent pratiquement au renversement de la règle romaine, et à la maxime « en fait de meubles, possession vaut titre ». Les deux principaux systèmes furent ceux de Pothier et de Bourjon.

Pothier s'inspirait en principe des idées romaines et essayait surtout de restreindre la portée de l'action en revendication par un certain nombre de fins de non-recevoir. Pothier semble n'être pas arrivé de suite à sa théorie définitive. Nous ne reviendrons pas sur la distinction que nous avons déjà signalée relative au délai de l'usucapion, 30 ou 3 ans suivant qu'il y a ou non juste titre et bonne foi ; mais il est intéressant de voir comment, pour les preuves de ces conditions, Pothier s'est de plus en plus écarté de la théorie générale de l'Ordonnance de Moulins.

On lit en effet dans le *Traité de la prescription* : « Comme il n'est pas d'usage de passer des actes par écrit de l'acquisition des choses meubles, il suffit au possesseur

pour justifier du juste titre... qu'il fasse reconnaître
cette chose soit par des personnes de qui il l'ait
achetée ou acquise à quelque autre juste titre, soit par
d'autres personnes qui aient connaissance de l'acquisition qu'il en a faite. » Ainsi le juste titre se prouve en
toute hypothèse par témoins, quelle que soit la valeur
de l'objet mobilier en litige. Et si on passe à la preuve
de la bonne foi, Pothier ajoute dans le même passage
de ce traité : « A l'égard de la bonne foi qui est requise
dans le possesseur, le juste titre la fait assez présumer,
tant que celui à qui la prescription est opposée ne justifie pas le contraire (1). »

Mais il ne s'en tient pas à cette première dérogation,
et dans le *Traité des donations entre mari et femme*,
après avoir indiqué la durée requise pour la prescription, il ajoute : « Le possesseur doit être cru en ce
qu'il allègue du titre auquel il dit avoir la chose, pourvu
que ce qu'il allègue soit vraisemblable (2). » Le donataire qui dans la théorie précédente se trouvait livré au
bon plaisir du donateur, et par conséquent exposé à
chaque instant à perdre le meuble à lui donné, avait
ainsi un moyen de preuve simple. Une allégation vraisemblable suffisait pour prouver le juste titre et à sa
suite la bonne foi.

Pothier fit même un pas de plus. Dans l'introduction
au titre 14 de la coutume d'Orléans, titre des Prescrip-

(1) Pothier, *op. et loc. cit.*
(2) Ed. 1771, n° 67, p. 107.

tions, on lit en effet le passage suivant : « Notre coutume ne s'est pas expliquée sur la prescription à l'effet d'acquérir les choses mobilières : il n'est pas bien décidé si la prescription de trois ans avec juste titre et bonne foi qui doit avoir lieu par le Droit civil, a lieu dans notre droit français. Il est rare qu'il y ait lieu à la question, le possesseur d'un meuble en étant parmi nous présumé le propriétaire, sans qu'il soit besoin d'avoir recours à la prescription, à moins que celui qui le réclame et s'en prétend propriétaire ne justifiât qu'il en a perdu la possession par quelque accident, comme par un vol qui lui en aurait été fait, auquel cas il ne pourrait pas y avoir lieu à cette prescription de trois ans qui, aux termes du droit, n'a pas lieu pour les choses furtives. Le possesseur est donc désormais présumé propriétaire, à moins que le revendiquant n'établisse qu'il a perdu la possession par quelque accident (1). »

Une difficulté s'est élevée même parmi les partisans de la théorie traditionnelle que nous exposons en ce moment, sur le point de savoir quelle était la portée exacte de cette restriction admise par Pothier à la présomption de propriété. Certains auteurs ont prétendu que le texte devait être interprété restrictivement. En effet, disent-ils, Pothier ne se contente pas d'un mot vague : perte par quelque accident, il ajoute un exemple, le cas de vol, parce que tout justement le vol em-

(1) Ed. 1776, t. 1er, no 4, p. 641.

pêche la prescription, et ils en concluent que c'est au
vol et à l'abus de confiance qu'il fait allusion, car il ne
les distingue pas. Il suit sur ce point le sens large du
furtum en droit romain. La conclusion logique à laquelle arrivent ces auteurs est que Pothier, dans ce dernier ouvrage, soutient que la revendication mobilière,
exercice du droit de propriété mobilier, se brisera contre une présomption irréfragable, à moins qu'il n'y ait
eu vol ou abus de confiance (1).

Il y aurait dans cette opinion de Pothier, inconcilia-
ble avec les précédentes, une trace certaine de l'influence du système de Bourjon et de la jurisprudence
du Châtelet, mais Pothier n'a pas encore posé la formule : « En fait de meubles possession vaut titre ».
D'autre part, il ne distinguait pas le vol et l'abus de confiance. Cette double modification serait l'œuvre de Bourjon.

Nous ne pensons pas cependant que telle ait été la
théorie de Pothier. Le jurisconsulte ne parle ici, comme
dans tous les autres passages cités, que des difficultés
relatives à la preuve du juste titre et de la bonne foi.

Mais tandis qu'il s'était contenté jusque-là d'admettre comme preuve la preuve par témoins, et même
simplement une allégation vraisemblable de la part du
possesseur actuel, il va plus loin et il pense que la possession fera présumer l'existence du juste titre, et
comme la bonne foi est, elle aussi, également présumée,

(1) Cf. Poincaré, *op. cit.*, p. 89 et *sq.*

e défendeur qui est en possession n'aura à opposer au revendiquant, après que celui-ci aura prouvé son droit le propriété, que sa simple possession, et dès lors le juste titre et là bonne foi seront présumés. Mais le demandeur aura le droit de démontrer ou bien que ce défendeur n'est vis-à-vis de lui qu'un dépositaire ou locataire, plus généralement un détenteur précaire ; ou bien qu'il a acquis la chose d'une personne qui était vis-à-vis de lui, propriétaire, détenteur précaire. La possession dispense en d'autres termes de la preuve du juste titre, elle n'équivaut pas à un titre régulier d'acquisition (1).

Au surplus Pothier, en désaccord sur ce point avec la pratique de son époque, n'oblige le demandeur en aucun cas, même si le meuble volé a été acheté dans une foire, à rembourser le prix d'achat au possesseur ainsi privé de la jouissance du meuble sur laquelle il pouvait légitimement compter (2).

Le système que nous croyons être celui de Pothier semble bien résulter aussi de certains passages de Bourjon (3), mais cet auteur a fait un pas de plus en avant, et il décide que la possession (et Bourjon ne parle pas de la bonne foi) ne dispensera plus seulement de prouver le titre, mais qu'elle constituera à elle seule un titre de propriété : « La prescription, dit-il, n'est d'aucune considération, elle ne peut être d'aucun usage quant

(1) *Sic*, Van Bemmelen, *op. cit.*, p. 377.
(2) *Traité des cheptels*, sect. I, art. 4, § 3, n° 40.
(3) *Droit commun de la France*, éd. 1770, t. Ier, l. III, t. II, ch. I, nos 1 et 2.

aux meubles, puisque par rapport à de tels biens, la
simple possession produit tout l'effet d'un titre parfait;
principe qui aplanit les difficultés que le silence de la
coutume a fait naître. » Et après avoir indiqué ces difficultés il ajoute : « Ces contradictions cessent par le principe adopté et qu'on vient de poser : principe auquel il
faut se tenir comme étant salutaire. Il est étrange qu'on
ait tenté de s'en écarter. » Bourjon indique l'opinion
dissidente de Duplessis et de Brodeau et il conclut :
« J'ai toujours vu cette opinion rejetée au Châtelet.
La jurisprudence contraire serait préjudiciable au bien
public, puisque personne par rapport aux meubles
n'exige un titre qui soit tout ensemble justificatif et
translatif de propriété, et sur ce chacun se confie et se
contente de la possession, elle est donc suffisante. Ainsi
je me tiens à cette jurisprudence comme étant salutaire
et conforme à l'ordre public et à la sûreté du commerce (1). »

En principe donc, d'après le système de Bourjon, ci-
tant dans ce sens la jurisprudence du Châtelet de Paris,
la possession suffit au défendeur pour triompher, et
entraîne une présomption absolue, irréfragable de
propriété. Le droit de suite et la prescription disparaissent ainsi en matière mobilière, en présence d'un
possesseur. Bourjon est plus sévère encore que le droit
du moyen âge, puisqu'il n'admet pas d'action au cas de
simple perte.

(1) *Op. cit.*, l. III, t. 22, ch. V, et les auteurs cités.

Mais au principe ainsi posé il existe une exception
très importante : les choses volées peuvent être revendiquées. Et il ne s'agit pas ici d'un vol dans le sens large
du droit romain, mais d'un vol proprement dit qui ne
comprend ni l'escroquerie, ni l'abus de confiance. C'est
bien ainsi que l'entend Bourjon lorsqu'il écrit : « Si le
dépositaire a vendu le meuble (le meuble déposé) le
propriétaire d'icelui ne peut le réclamer des mains de
l'acheteur, parce qu'en matière de meubles la possession valant titre, la sûreté du commerce ne permet pas
qu'on écoute une telle revendication ; il faut donc en ce
cas la rejeter (1). » Il y a là en effet abus de confiance
et pourtant Bourjon n'admet pas la solution par lui soutenue au cas de vol. Quoi qu'il en soit, une fois le vol
constaté juridiquement par une plainte et une informa-
tion, la revendication est ouverte. Pourtant, si le meuble volé avait été acheté dans une vente judiciaire,
« adjugé », suivant les expressions mêmes de Bourjon ,
« par l'autorité de la justice » (2), la revendication cesserait. Et il en serait de même si l'achat avait été fait
chez un marchand ayant qualité pour vendre le meuble (3). D'autre part, et nous citons ici le passage même
de Bourjon, « il y a deux cas auxquels le maître de la
chose volée doit en rendre le prix à l'acheteur : le premier lorsque l'acheteur ayant reconnu que la chose

(1) *Op. cit.*, l. IV, t. 8, ch. III, sect. 1, nos 3 et 18.
(2) Liv. VI, titre 8, ch. 3, sect. 4.
(3) Bourjon, liv. III, titre 2, ch. 1.

était volée et que le voleur l'offrait à vil prix, fait une
protestation qu'il ne l'a rachetée que pour le maître, qui
sans cela l'aurait perdue ; le second cas, lorsque la
chose dérobée a été achetée en foire ou en marché public ». En principe par conséquent d'après Bourjon, la
revendication des choses volées est possible, mais cette
règle souffre deux sortes d'exceptions : d'une part, il y
a des cas où la revendication est interdite même pour
des choses volées, et d'autres cas où elle est soumise à
la condition de restitution du prix.

C'est par l'idée d'une sorte de vol de gage que s'explique le droit donné au bailleur par l'article 171 de la
coutume de Paris de revendiquer entre les mains des
tiers, les meubles qui se trouvent dans la maison louée,
qui lui servent de garantie, et que le locataire aurait
enlevés de la maison.

Signalons enfin une dernière exception admise par
l'article 176 de cette coutume : « qui vend aucune chose
mobilière sans jour et sans terme, espérant être payé
promptement, il peut poursuivre la chose en quelque
lieu qu'elle soit transportée, pour être payé du prix
qu'il l'a vendue ». Cette exception se justifie bien mal
dans la théorie de Bourjon ; ce droit se comprend très
bien pour les auteurs qui admettent l'existence de la
revendication mobilière, puisque d'après les principes
romains encore en vigueur, la tradition opérée dans
une vente sans terme ne transférait la propriété qu'a-
près paiement du prix : mais on peut se demander pour-

quoi, alors que l'on refuse le droit de suite au déposant,
au prêteur, on l'accorde au vendeur sans terme impayé.
Bourjon essaie d'expliquer cette contradiction en disant
que le vendeur n'est pas exactement dans la même situation qu'un déposant ou un prêteur ; ces derniers ont
eu confiance dans le dépositaire, dans l'emprunteur,
pour un terme assez long, au contraire le vendeur ne
s'est dessaisi que dans l'espoir d'être payé à bref délai.
C'est là, nous semble-t-il, une explication qui n'a rien
de juridique et qui ne saurait lever la contradiction évidente que nous venons de signaler (1).

Tel est dans son ensemble le système traditionnel sur
la genèse de la maxime : « En fait de meubles possession
vaut titre. » Il apparaît que cette règle née à l'époque
des lois barbares se serait perpétuée dans notre droit
sauf un effacement temporaire à l'époque de la renaissance du droit romain, et que l'esprit, sinon les termes,
de la règle : « *Mobilia non habent sequelam* » se retrou-
verait déjà dans des coutumes franques où il n'y avait
pas de revendication proprement dite, mais simplement une action criminelle *ex delicto*, ou une action
personnelle *de re præstita*, accordées au propriétaire au
cas de dépossession soit involontaire, soit volontaire.
Sans doute il paraît inexact de penser (2) que, à l'époque
primitive, la règle répondait à des besoins semblables à

---

(1) Cf. sur tous ces points : Poincaré, *op. cit.*, p. 96 et *sq.* et auteurs cités.
(2) Cf. Jobbé-Duval, *op. cit.*

ceux qui la rendaient nécessaire au XVIII° siècle. Historiquement, il serait contestable de soutenir que la maxime de Bourjon et la règle « les meubles n'ont pas de
suite » dérivent des mêmes nécessités pratiques. En
réalité, la règle que les meubles n'ont pas de suite
découlerait à la fois des principes formalistes de
l'ancienne procédure, à une époque où l'organisation
des actions limitait le nombre et la nature des droits à
exercer (1), où, en d'autres termes, il n'y avait de droits
que ceux qui résultaient de certaines procédures spéciales, et où la revendication des meubles n'est pas or-
ganisée par la loi ; mais aussi et dans une certaine mesure (2) de ce que l'idée du droit abstrait de propriété
existant en dehors de la détention matérielle était une
conception juridique trop subtile pour les époques primitives. Au contraire, au XVIII° siècle, c'est pour favoriser le développement des relations commerciales,
c'est parce que l'on considérait les choses mobilières
comme de peu d'importance (*res mobilis, res vilis*, disait un brocard bien connu), qu'on limita le droit du
propriétaire de meubles et qu'on posa le principe :
« en fait de meubles, possession vaut titre ». Mais,
quoi qu'il en soit, les principes germaniques et les
solutions de Bourjon étaient semblables dans leur
résultat, et pour employer les expressions de M. Jobbé-
Duval, partis des deux extrémités opposées de l'ho-

(1) Cf. Jobbé-Duval, *op. cit*.
(2) Cf. Ortlieb, *op. cit*.

rizon, les praticiens du moyen âge et les magistrats des temps modernes avaient fini par se rencontrer.

Mais à côté de cette théorie que nous avons appelée traditionnelle et en face d'elle s'est élevée récemment une autre doctrine. M. Van Bemmelen dans son remarquable ouvrage sur « Le système de la propriété mobilière », a par une étude approfondie des textes de l'ancien droit, cherché à démontrer que les prétendus principes germaniques n'ont jamais existé, et que l'atteinte portée à la propriété mobilière ne date que du XVIII° siècle. Nous n'avons pas dans cette esquisse historique l'intention de reprendre la savante argumentation de cet auteur, nous nous contentons d'en signaler les grandes lignes.

M. Van Bemmelen part de cette idée que le droit germanique connaissant la propriété, devait connaître aussi la revendication. La revendication fondée sur la propriété, était la même pour les meubles et pour les immeubles, elle a toujours été l'action qui compète au propriétaire non possesseur contre le possesseur. Sans doute, en droit germanique, l'usucapion était inconnue, mais l'absence de cette théorie ne se faisait guère sentir, la preuve matérielle tenant dans la procédure une place des moins importantes, et le rôle considérable appartenant au serment. Cet auteur invoque, à l'appui de sa thèse, certains textes des lois des Wisigoths, des Burgondes et des Ripuaires (1), d'une clarté quelque peu

(1) L. Wisigoths, L. V, titre IV. § 8. L. Burgondes, LXXII, 1. Loi ripuaire, XXII, 1.

douteuse, et d'une rédaction récente, où on pourrait
découvrir l'influence romaine (1), et quant au silence
de la loi Salique, il l'explique en disant que les textes ne
donnant d'action qu'au cas de vol ou de perte, visaient
les hypothèses les plus fréquentes, et qu'il n'y a rien
d'étonnant à ce qu'un droit primitif et simple n'emploie
pas des formules générales et abstraites, et se contente
de se référer aux hypothèses particulières.

D'après cet auteur, la maxime : « meubles n'ont pas
de suite » n'a été qu'exploitée pour écarter la revendication mobilière contre les tiers possesseurs. Elle ne
s'est jamais rapportée à la poursuite des propriétaires,
mais uniquement et dès l'origine à celle des créanciers (2).

D'autre part, et c'est le second point où M. Van Bemmelen s'écarte de la théorie généralement admise ,
Bourjon aurait dénaturé la jurisprudence du Châtelet
qui appliquait plutôt l'idée de présomption telle que
Pothier l'avait soutenue ; il aurait transformé en présomption *juris et de jure* la présomption qui était simplement *juris tantum*, et c'est en détachant cette présomption du procès où elle était un avantage accordé au
défendeur, et en la rattachant arbitrairement à la possession qu'il en est arrivé à inventer « l'énormité juridique » de la possession produisant la propriété. Ce
serait là d'après M. Van Bemmelen une doctrine toute

---

(1) Cf. Poincaré, *op. cit.*, p. 20 et *sq.*
(2) Cf. Van Bemmelen, *op. cit.*, p. 34 et *sq.*

personnelle restée isolée. Pourtant, il paraît certain
d'après les témoignages de Denizart (1) et de Valin (2),
que la jurisprudence du Châtelet avait dépassé la théorie de Pothier.

En résumé, et sans entrer plus avant dans les détails
de cette théorie nouvelle, ce qui nécessiterait une étude
historique approfondie de la question, étude qui sortirait du cadre que nous avons conçu, la maxime « en fait
de meubles possession vaut titre » est une conception
spéciale à Bourjon, et qui n'a aucune source ni dans les
coutumes germaniques et les lois barbares, ni dans la
jurisprudence du Châtelet, que cet auteur aurait soit
mal comprise, soit dénaturée, pour lui attribuer un sens
conforme à ses propres idées.

Toutes ces difficultés historiques n'ont, à vrai dire,
qu'une importance très minime dans la théorie actuelle
de la règle « en fait de meubles possession vaut titre ».
Nous aurons à voir en terminant cette étude et en ap-
préciant cette règle au point de vue rationnel et législatif
si ces diverses conceptions sur son origine et sa formation doivent avoir une influence sur la loi future, mais
nous pouvons dès ce moment conclure sans hésitation
de ce rapide examen du droit antérieur au Code civil,
que pour tous les auteurs la théorie définitive de Bourjon est que la possession exclut la revendication, et par

---

(1) Denizart, *Coll. de jurispr.*, V° Prescription, n° 40, V° Meubles,
n° 32, V° Vente, n° 5.
(2) Valin, sur l'article 60 de la coutume de la Rochelle.

conséquent rend inutile l'usucapion en matière mobilière. Que l'on voie, suivant la théorie traditionnelle, dans la maxime « en fait de meubles possession vaut titre » une présomption irréfragable de propriété, ou qu'on la considère comme constituant un mode d'acquisition *lege* de la propriété mobilière, le résultat est le même : la revendication échoue contre le possesseur. Il importe peu en tous les cas de savoir si cette théorie de Bourjon est la reproduction exacte de la jurisprudence du Châtelet, si elle était unanimement admise ou au contraire isolée, dans le cas où il sera démontré que c'est cette théorie même qu'ont eue en vue les rédacteurs du Code en écrivant la règle : « en fait de meubles possession vaut titre ».

Or cela ne nous semble pas douteux. Nous savons bien que les renseignements fournis sur ce point par les travaux préparatoires sont incomplets, souvent obscurs, quelquefois même contradictoires, et qu'il peut paraître étonnant que les rédacteurs du Code se soient ici écartés de la théorie de leur guide habituel, de Pothier. Nous pensons cependant qu'ils n'ont pu puiser leur article 2279 que dans Bourjon. Pothier ne leur fournissait pas la maxime « en fait de meubles possession vaut titre », et Bourjon seul avait traité la matière avec quelques développements dans un livre fort goûté des praticiens de l'époque et qu'assurément ils devaient connaître. Le passage des travaux préparatoires le plus important au point de vue de notre règle est un frag-

ment de l'exposé des motifs de Bigot-Préameneu ainsi
conçu : « Dans le droit français on n'a point admis à
l'égard des meubles une action possessoire distincte de
celle sur la propriété. On y a même regardé le seul fait
de la possession comme un titre : on n'en a pas ordinairement d'autres pour les choses mobilières. Il est
d'ailleurs le plus souvent impossible d'en constater l'i-
dentité et de les suivre dans leur circulation de main en
main. Il faut éviter des procédures qui seraient sans
nombre, et qui le plus souvent excèderaient la valeur
des objets de la contestation. Ces motifs ont dû faire
maintenir la règle générale suivant laquelle en fait de
meubles possession vaut titre (1). »

La théorie de Bourjon nous semble implicitement
comprise dans ce passage : « Il n'y a pas, dit Bigot-
Préameneu, à l'égard des meubles, une action possessoire distincte de celle sur la propriété », c'est donc
bien qu'il existe dans le droit français, et il parle du
droit contemporain, une action en revendication basée
sur la propriété, et cela nous paraît expliqué par les
mots qui suivent : « On y a regardé le fait de la possession comme un titre », c'est-à-dire comme un titre de
propriété, « on n'en a pas ordinairement d'autres pour
les choses mobilières ». N'est-ce pas dire que si, soit en
vertu d'une présomption irréfragable, soit plus simplement en vertu d'une acquisition *lege* le possesseur est
propriétaire, ce n'est là qu'une hypothèse ordinaire et

(1) Locré, XVI, p. 586, n° 45.

qu'il peut y avoir d'autres titres possibles, Or c'est bien
là la théorie de Bourjon. La revendication n'est pas,
d'après lui, complètement supprimée en matière mobilière ; cet auteur avait simplement introduit, en fait de
meubles, un moyen d'acquisition qui, sans abolir les
autres, arrivait à les remplacer ; en d'autres termes, la
revendication n'est ni limitée ni abrogée en principe par
notre règle, elle est supprimée par voie de conséquence,
arrêtée qu'elle est par l'acquisition de la propriété par
le possesseur. Mais si la possession s'ajoute aux autres
modes d'acquisition, elle ne les détruit pas. Les idées de
Bourjon nous semblent bien indiquées dans le passage
que nous avons cité. Nous nous contentons de celui-là
sans insister sur les paroles du tribun Goupil-Prefeln
qui ne sont au fond que la reproduction de l'exposé des
motifs. Ce sont là les seuls documents importants que
nous trouvions dans les travaux préparatoires du Code
civil. La règle « en fait de meubles, possession vaut titre » est donc passée dans la loi moderne sans aucune
difficulté, aucune discussion ne s'est élevée.

Il nous semble résulter de là que c'est bien la théorie
de Bourjon que l'on a reproduite dans l'article 2279.
C'est dans son ouvrage qu'elle a été prise, ce sont les
motifs qu'il donnait qu'on a invoqués ; c'est la portée
même qu'il attribuait à cette règle que l'on peut retrou-
ver plus ou moins clairement, mais certainement à notre sens, indiquée dans les travaux préparatoires. Le
sens moderne de la maxime « en fait de meubles, pos-

session vaut titre » est donc bien celui qu'elle avait d'a-
près Bourjon, c'est-à-dire la possession excluant par
voie de conséquence la revendication, puisqu'elle constitue elle-même un titre de propriété, et supprimant
ainsi le fondement de cette action. Nous ne prétendons
pas du reste que la théorie de Bourjon ait passé tout
entière dans notre Code, les rédacteurs ne l'ont pas
servilement reproduite, et nous verrons que sur bien
des points, ils ont modifié, corrigé les règles posées par
cet auteur, nous voulons dire seulement que dans son
principe et sa portée générale le système de Bourjon a
été adopté par eux. C'est cette idée qui nous servira de
guide dans l'exposé de l'article 2279 auquel nous arrivons maintenant.

DEUXIÈME PARTIE

DE LA RÈGLE : « EN FAIT DE MEUBLES POSSESSION VAUT TITRE » DANS LE CODE CIVIL ET LES LOIS QUI S'Y RATTACHENT.

———

Nous avons vu dans l'étude historique que nous venons de faire que dans notre ancien droit, à côté de la règle « meubles n'ont pas de suite », s'était formée d'une façon pour ainsi dire indépendante, puisqu'elle s'est maintenue alors même que la première avait disparu à l'époque de la renaissance du droit romain (1), une autre règle relative non plus au droit de suite envisagé entre les mains du propriétaire, mais considéré par rapport au créancier hypothécaire : « Meubles n'ont pas de suite par hypothèque ». Or cette seconde règle est formulée en propres termes par l'article 2119, et il importe avant tout d'en déterminer le sens exact.

A-t-on voulu dire, comme certaines coutumes, que l'hypothèque sur les meubles était possible, mais ne comportait qu'un droit de préférence, sans pouvoir entraîner de droit de suite au profit du créancier ? A-t-on

---

(1) Nous ne parlons ici que de la théorie que nous avons appelée traditionnelle.

au contraire voulu proscrire d'une façon absolue l'hypothèque sur les meubles ? Si on admet la première idée,
le rapport entre l'article 2119 et l'article 2279 est évi-
dent, il y aurait là deux règles parallèles inspirées par
les mêmes nécessités pratiques, et nous devrions dans
notre étude de la règle de l'article 2279 et des exceptions qui lui sont apportées, comprendre l'étude de
la maxime : « les meubles n'ont pas de suite par hypothèque. »

Mais nous ne pensons pas que tel soit le sens du
texte : ce qu'il défend, c'est l'hypothèque elle-même.
L'hypothèque ne peut (art. 2118) porter que sur les biens
immobiliers qui sont dans le commerce et leurs accessoires réputés immeubles, et sur les fruits de ces mêmes
biens et accessoires pendant le temps de sa durée. Le
créancier ne peut donc même pas avoir un droit de préférence. Pourtant il y a même à ce point de vue plus
large un certain rapport avec l'article 2279. On peut dire
en effet que l'impossibilité de l'hypothèque sur les meubles tient aux raisons qui ont fait introduire dans notre
droit l'article 2279. L'hypothèque en effet, pour fonc-
tionner d'une façon utile, doit pouvoir être connue des
tiers. C'est une garantie réelle opposable à tous : il faut
donc que les autres créanciers, que les tiers acquéreurs
puissent se renseigner. Or il est d'usage que, dans l'intérêt du commerce et des relations sociales, la transmission des meubles se fasse rapidement. La vérification
de la part des créanciers ou des acquéreurs est donc

contraire à la célérité requise pour les transactions mobilières. D'autant plus que les meubles n'ayant pas, tout
au moins en principe (1), de situation fixe, il est impossible de concevoir pour eux un système de publicité. On
retrouve donc bien, pour justifier l'article 2119, les
raisons mêmes qui ont été données pour faire admettre
dans notre droit le principe de l'article 2279. Mais ces
raisons disparaissent lorsqu'il y a un signe extérieur
qui permet aux tiers de soupçonner un droit sur les
meubles, lorsqu'il y a un nantissement. Le fait de
mettre le meuble en la possession du créancier équivaut
à la publicité. On conçoit par suite que l'on ait admis
le gage comme droit réel portant sur les meubles.

Mais le Code civil a admis sur les meubles d'autres
sûretés réelles que le gage, nous voulons parler des privilèges. N'était-il pas contraire aux idées que nous venons de développer et qui ont fait, croyons-nous, proscrire l'hypothèque des meubles, d'admettre l'existence
de ces privilèges ? Nous ne le pensons pas. Parmi les
privilèges, en effet, les uns sont fondés sur une constitution tacite de gage, sur le nantissement, et alors la
possession par le créancier sert de publicité vis-à-vis
des tiers ; les autres sont fondés sur une idée de mise
de valeur dans le patrimoine du débiteur, et ici sans

(1) Nous faisons allusion aux règles exceptionnelles qui concer-
nent les navires, susceptibles d'hypothèque depuis la loi du 10 décembre 1874 modifiée par celle du 10 juillet 1885. On pourrait du
reste concevoir pour certains autres meubles ayant une assiette
fixe, par exemple pour les titres nominatifs, une règle analogue.

doute il n'y a pas véritablement publicité, mais il s'agit de créances telles que l'attention des tiers devra être attirée. On peut donc concevoir d'une part l'existence des privilèges sur les meubles, et d'autre part l'impossibilité de l'hypothèque des meubles.

Mais est-ce à dire que la maxime « meubles n'ont pas de suite » n'aura pas un effet dans la théorie des privilèges mobiliers ? Le créancier qui aura un droit de gage, un privilège sur un meuble, pourra-t-il suivre ce meuble entre les mains des tiers lorsque ce meuble aura été détourné ? ou au contraire ce meuble ne comportera-t-il comme autrefois l'hypothèque sur les meubles dans certaines coutumes qu'un droit de préférence sur le prix et peut-on dire aujourd'hui, transformant quelque peu l'ancienne maxime : « Les meubles n'ont pas de suite par privilège » ?

On a coutume de dire en adoptant d'une façon absolue cette seconde idée que, en principe, les privilèges sur les meubles n'entraînent pas de droit de suite au profit du créancier. Nous croyons, quant à nous, qu'il est plus exact de dire que dans les hypothèses où les vérifications nécessaires peuvent facilement être faites par les tiers, c'est-à-dire dans les cas de nantissement exprès ou tacite, équivalant en quelque sorte à la publicité, le droit de suite existe au profit du créancier privilégié. Dans les autres cas, au contraire, il ne peut être question de droit de suite. Nous savons bien qu'il s'agit de créances telles que leur existence donnera l'éveil aux autres créanciers, mais cette raison qui justifie l'exercice du droit de préférence, ne saurait en aucune façon justifier l'exercice du droit de suite. Si les créanciers sont suffisamment prévenus, il n'en est pas de même les tiers acquéreurs, complètement étrangers à la composition du patrimoine de leur vendeur. Comment en effet pourraient-ils être avertis? Un meuble grevé d'un privilège leur est vendu par celui qui le détenait ; ce détenteur, puisque nous sommes en dehors du cas de nantissement, est le propriétaire lui-même. Le tiers acquéreur a fait toutes les diligences nécessaires, il s'est fait mettre en possession (1), comment permettre à un créancier de le dépouiller, alors que, d'aucune façon, l'existence du privilège mobilier n'a pu être connue puisqu'il n'y a pas de mesure de publicité pour les privilèges mobiliers, et que d'autre part il ne s'agit pas ici d'un privilège fondé sur le nantissement, cas où le déplacement de la possession peut, dans une certaine mesure, donner l'éveil aux tiers acquéreurs.

Quoi qu'il en soit, nous avons fait, croyons-nous, suffisamment ressortir le lien étroit qui unit les deux règles : « En fait de meubles possession vaut titre » et « meubles n'ont pas de suite par hypothèque » pour pouvoir légitimement comprendre cette dernière dans

_____

(1) Il est nécessaire de supposer que le tiers acquéreur s'est fait mettre en possession, sans cela on ne comprendrait pas comment s'exercerait le droit de suite contre un tiers qui n'est pas détenteur.

notre étude. Nous examinerons donc, soit en ce qui concerne le propriétaire de meubles, soit en ce qui concerne le créancier dont le privilège porte sur des meubles, d'abord les cas où le droit de suite n'existe pas, puis ceux où il est accordé. Ce sera l'objet de deux sections distinctes.

SECTION I. — Du principe que les meubles n'ont pas de suite.

Nous tranchons ainsi, en quelque sorte par avance, une question qui a soulevé pourtant et soulève encore, en doctrine sinon en jurisprudence, de nombreuses difficultés. Nous pensons en effet qu'il résulte de l'examen des travaux préparatoires du Code, auquel nous nous sommes livré, que les rédacteurs ont dû donner à la maxime « en fait de meubles possession vaut titre » la même portée que celle que lui donnait Bourjon. Pourtant, nous ne pouvons passer sous silence les controverses qui se sont élevées sur ce point. Aussi devons-nous tout d'abord établir dans un paragraphe premier que ce principe est bien exact, et que tels sont bien la portée et le fondement juridique de la règle « en fait de meubles possession vaut titre ».

Une fois cette question élucidée, nous étudierons dans deux paragraphes distincts, d'abord les conditions d'application du principe, puis ses effets. Nous n'aurons pas du reste dans cette première section à parler, du moins d'une façon principale, de la règle « les meubles n'ont pas de suite par privilège » ; nous nous sommes suffisamment expliqué sur ce point au début de cette seconde partie.

Notre première section sera donc divisée en trois paragraphes : principe, conditions d'application, effets.

§ I. — Principe.

Est-il exact de dire que, en droit français, d'après le Code civil, le droit de suite soit supprimé en matière mobilière, que l'action en revendication soit refusée au propriétaire de meubles ? Quel est, en d'autres termes, le sens exact de la règle « en fait de meubles possession vaut titre » ? Telle est la question qui se pose et que nous devons tout d'abord résoudre.

Un premier point qui paraît certain, c'est qu'en principe il n'y a plus aujourd'hui, en matière de meubles, d'acquisition par la possession prolongée. Ce système avait été soutenu par un des premiers commentateurs du Code civil, par Toullier (1). D'après lui, la règle de l'article 2279 n'avait qu'un but, dispenser le possesseur du meuble de la preuve du juste titre. Une fois que le défendeur avait établi l'existence de sa possession pendant le temps exigé par la loi, il n'avait plus aucune preuve à administrer, puisque la bonne foi, d'après les principes généraux de la possession, le juste titre

_____
(1) T. XIV, titre V, ch. 3, n°s 104 à 119.

en vertu de l'article 2279 étaient présumés. Quant au délai dont l'article ne fait aucune mention, Toullier s'en rapportait au droit de Justinien et à l'ancienne jurisprudence et le fixait à trois ans.

La possession vaut titre, disait cet auteur, mais elle ne vaut que titre. Or tout titre quelconque d'acquisition ne transfère pas la propriété : il ne la transfère que s'il émane *a domino*. S'il vient d'un *non dominus*, il n'a qu'un seul effet, rendre l'usucapion possible, il ne saurait avoir pour conséquence de supprimer la revendication. Par le fait même que vous possédez, vous êtes présumé avoir un juste titre d'acquisition, mais un délai vous est nécessaire, délai de trois ans, pour acquérir la propriété. Ce n'est qu'au bout de ce laps de temps, et non pas immédiatement, que la revendication de l'ancien propriétaire échouera. C'est, on le voit, la reproduction pure et simple du système de Pothier.

Nous ne voulons pas revenir sur l'argument historique qui sape pour ainsi dire par la base le système de Toullier. La maxime de l'article 2279 est, nous croyons l'avoir montré, puisée dans l'ouvrage de Bourjon, elle ne saurait donc avoir dans le Code que le sens qui lui était attribué par cet auteur. Or Bourjon, nous l'avons dit, considérait la possession comme un titre d'acquisition ou comme créant une présomption irréfragable de propriété ; il excluait ainsi par voie de conséquence la revendication contre un possesseur, et par suite rendait inutile la prescription en matière immobilière. Mais à s'en tenir au texte même de notre article, comment admettre la théorie proposée ? D'une part, pourquoi choisir arbitrairement ce délai de trois ans ? Est-il permis de suppléer ainsi au silence du Code par des règles du droit romain ? Puis, d'autre part, l'article 2279 dans son paragraphe 2 accorde en certains cas la revendication, et ce paragraphe commence par le mot « néanmoins » ; il s'agit donc là d'une exception à la règle générale. Si donc, par exception, la revendication est admise, c'est que, en principe, cette action n'existe pas. Toullier est donc en contradiction flagrante avec le texte même de notre article.

Aussi ce système est-il depuis longtemps abandonné. On soutient aujourd'hui unanimement qu'il n'y a plus de prescription en matière mobilière et que, même avant l'expiration du délai de trois ans, le possesseur peut invoquer l'article 2279 à l'encontre du revendiquant. C'est à l'action réelle qu'a trait cet article, c'est le droit de suite et non, par exemple, le droit personnel de restitution que pourrait avoir le demandeur, qui est mis en échec par la maxime « en fait de meubles possession vaut titre ». Mais la revendication est-elle supprimée, ou est-elle simplement et dans une certaine mesure paralysée, et comment expliquer ces résultats ? Ici la controverse subsiste, et les auteurs et la jurisprudence sont partagés.

La jurisprudence soutient que l'article 2279 est fondé sur une présomption de propriété au profit du posses-

seur, présomption *juris tantum* admettant la preuve
contraire. La demande ne serait pas immédiatement
repoussée, l'action serait possible, le défendeur opposerait la maxime de l'article 2279, mais le demandeur
aurait le droit d'administrer la preuve contraire, qui
pourrait être faite par témoins, et même par des présomptions graves, précises et concordantes (1).

Quoique la jurisprudence soit constante, nous ne
saurions admettre son opinion. Si en effet on veut voir
à l'article 2279 une présomption de propriété, il faut
dire à notre avis qu'il s'agit là d'une présomption de
propriété *juris et de jure* sans preuve contraire possible
pour le demandeur. En effet cette présomption répond
à la définition donnée par l'article 1352 du Code civil :
« Nulle preuve n'est admise contre la présomption de
la loi, lorsque sur le fondement de cette présomption
elle annule certains actes on dénie l'action en justice. »
La présomption de l'article 2279 est bien, nous croyons
l'avoir démontré, une présomption en vertu de laquelle
on dénie l'action en revendication, nous nous trouvons
donc dans les termes mêmes de l'article 1352 ; si donc
on veut admettre l'idée de présomption, il faut de toute
nécessité, à notre sens, se ranger au système de la présomption *juris et de jure* (2).

(1) Cf. Cass., 15 mars 1885, S. 88, 1, 148 ; Cass., 27 mars 1889,
S. 89, 1, 199 ; Nancy, 30 décembre 1891, D. 92, 2, 441 et la note de
M. Planiol.

(2) En ce sens, Aubry et Rau, II, § 183, p. 109, n. 4 ; Poincaré,
op. cit., p. 151 et sq., de Folleville, *Traité de la possession des meubles
et des titres au porteur*, n° 26.

Mais nous croyons que cette idée de présomption doit être rejetée d'une façon complète. Rien ne nous dit que le législateur l'ait adoptée ; nous savons bien que c'est grâce à cette sorte de subterfuge, que Bourjon a fait passer la règle nouvelle dans l'ancien droit, mais ce n'était là qu'une question de mots et au fond Bourjon décidait qu'il y avait dans ce brocard de droit un mode d'acquisition en vertu de la loi. Il était d'autant plus facile de colorer cette réforme en disant qu'il y avait simplement au profit du possesseur une présomption *juris et de jure*, que ces deux systèmes, présomption *juris et de jure* et acquisition *lege*, peuvent arriver au même résultat, c'est-à-dire écarter dans tous les cas la revendication, et il en est ainsi notamment d'après MM. Aubry et Rau.

Pourtant on a soutenu (1) qu'il y avait entre ces deux idées : présomption *juris et de jure* au profit du possesseur, mode d'acquisition *lege*, une notable différence. L'article 1352 permet en effet d'annihiler la présomption légale même *juris et de jure* par l'aveu et le serment. Si donc, a-t-on dit, on fonde l'article 2279 sur une présomption, il faudra décider que l'action en revendication sera non pas supprimée, mais simplement paralysée dans une mesure plus ou moins large.

Mais nous croyons pour notre part cette conception inexacte. Il est unanimement admis en effet que si la présomption *juris et de jure* est fondée sur un intérêt

(1) Cf. Poincaré, *op. cit.*, p. 153.

d'ordre public, il n'y a pas à tenir compte de l'aveu ni
à déférer le serment. Que la preuve soit administrée
d'une façon ou d'une autre, les motifs sur lesquels repose la présomption ne perdent en effet rien de leur valeur. Or il semble bien impossible de soutenir que les raisons qui ont fait admettre l'article 2279 ne soient pas
d'ordre public. Nous pensons donc, d'accord en cela avec
l'histoire, puisque Bourjon n'admettait en aucune façon la preuve contraire, qu'il ne peut y avoir ici qu'une
présomption absolument irréfragable.

Nous nous trouvons maintenant en présence du
deuxième groupe de systèmes, ceux qui admettent que
l'action en revendication est en principe supprimée complètement par le droit français en matière mobilière.
Mais les partisans de cette opinion fondent l'article 2279
sur des idées très différentes. Les uns y voient une prescription instantanée, les autres un mode d'acquisition
en vertu de la loi.

Ceux qui voient dans l'article 2279 une prescription
instantanée invoquent comme principal argument la
place de cet article dans le titre XX du Code civil. En effet,
le Code étudie d'abord la prescription de trente ans, puis
celle de dix à vingt ans, puis les courtes prescriptions,
et il arrive ainsi à l'article 2279, qui relativement aux
meubles, supprime le temps nécessaire à la prescription.
La prescription est par conséquent instantanée (1).

Nous avouons que ces mots « prescription instanta-

(1) Cf. Marcadé, sur l'article 2279, n. 1. Demolombe, IX, n. 622.

née nous semblent quelque peu incompréhensibles, que
la prescription n'est en effet que l'acquisition par la
possession prolongée, et qu'elle suppose l'écoulement
d'un certain laps de temps. D'autre part, il n'y a rien
d'étrange à ce que, après avoir parlé de toutes les prescriptions quelconques, les rédacteurs du Code aient étu-
dié en dernier lieu l'hypothèse dans laquelle la prescription est complètement supprimée.

Mais alors nos adversaires ne se contentent plus de
ce raisonnement quelque peu vague, et ils nous oppo-
sent l'article 2239 du Code civil : « Ceux à qui les fer-
miers, dépositaires et autres détenteurs précaires ont
transmis la chose par un titre translatif de propriété
peuvent la prescrire. » Or, dit-on, le dépôt ne porte que
sur des meubles, donc la prescription est possible en
matière mobilière. On peut donc bien parler d'une
prescription instantanée à l'article 2279.

Cet argument plus précis ne nous semble pas pro-
bant ; d'une part, on pourrait dire qu'il y a là une inad-
vertance du législateur ; et puis le séquestre est une
espèce de dépôt en vertu de la loi elle-même, il peut
donc se faire que l'on ait à l'article 2239 visé le séquestre qui, lui, peut porter sur des immeubles ; enfin il
peut s'agir d'objets perdus ou volés qui ont été remis au
dépositaire ; dans ce cas la prescription sera ouverte,
non pas peut-être à ce dernier, mais à ses ayants cause.

Il ne reste donc plus qu'un seul système : celui qui
déclare que l'article 2279 est tout simplement un cas

d'acquisition de la propriété *ex lege*. La possession vaut titre, il s'agit d'un titre parfait, par conséquent d'un titre faisant acquérir la propriété. Nous ne soutiendrons pas que ce mode d'acquisition soit l'occupation : ce serait confondre les *res nullius* ou les *res derelictæ* avec les choses transmises *a non domino*, mais nous voyons là un mode d'acquisition spécial, en quelque sorte innommé (1).

Nous savons bien que l'on oppose les articles 711 et suivants qui ne comprennent pas parmi les modes d'acquérir la possession des meubles, mais, outre que ces articles ne sont peut-être pas très bien rédigés, il ne faut pas, croyons-nous, y voir une énumération strictement limitative.

Nous nous rallions à ce dernier système qui nous semble plus conforme du reste sinon à la lettre, du moins à la pensée vraie de Bourjon. Nous n'avons au surplus, à prendre cet auteur, que le choix entre deux théories : présomption *juris et de jure* et acquisition *lege*. Or le choix, nous l'avons indiqué, ne présente au fond aucun intérêt puisque les résultats des deux systèmes sont les mêmes, et que pour tous les deux, la revendication échoue contre le possesseur. Nous croyons plus simple et plus conforme à la nature des choses de parler de mode d'acquisition *lege* et c'est ce fondement que nous attribuons à l'article 2279. Mais ce qu'il importe

(1) Cf. Colmet de Santerre, VIII, n° 387 *bis*, II ; Laurent, XXXII, n° 542 ; Van Bemmelen, *op. cit.*, p. 407.

surtout de faire remarquer, c'est que notre article n'a-
broge pas la revendication en matière mobilière, la revendication n'est supprimée que parce qu'il y a au profit du possesseur une acquisition de propriété ; mais cela
ne supprime pas les autres modes d'acquérir la propriété. Sans doute, la propriété d'un meuble fondée sur
les autres modes s'évanouit dès qu'un autre individu
s'en trouve possesseur, puisque la revendication est
alors enlevée à l'ancien propriétaire ; sans doute les
autres modes d'acquérir sont inutiles pour celui qui
bénéficie de la possession : il se contente d'invoquer
l'article 2279 ; mais il y a pourtant d'autres modes d'acquérir. En résumé, la revendication n'existe plus en présence d'un possesseur, mais elle n'est pas supprimée en
principe dans notre droit français. Telle est exactement
la portée de la théorie à laquelle rationnellement et
historiquement nous croyons devoir nous arrêter.

§ II. — Conditions d'application.

Ces conditions peuvent être examinées à deux points
de vue : d'une part en ce qui concerne les choses auxquelles s'applique la maxime de l'article 2279, d'autre
part, une fois ces choses déterminées, en ce qui touche
les caractères que doit présenter la possession pour être
une cause d'acquisition de la propriété : conditions relatives à la chose, conditions relatives à la possession.

Et, d'abord à quelles choses, à quels meubles s'applique la maxime « en fait de meubles possession vaut

titre » ? Il y a un premier point certain, c'est que la règle de l'article 2279 ne peut être invoquée que pour les meubles dans le commerce, susceptibles de propriété privée. Les meubles du domaine public, par exemple les objets appartenant à une bibliothèque nationale, ne peuvent donc pas être acquis en vertu de cet article (1). Mais, d'autre part, comme notre règle est fondée sur ce fait que les meubles se transmettent ordinairement sans aucune formalité, par la simple tradition, toutes les fois qu'il s'agira de meubles pour la transmission desquels la loi aura exigé des formalités spéciales, l'article 2279 sera inapplicable. Or, en règle générale, des formalités spéciales ne sont exigées par la loi que pour la transmission des meubles incorporels, d'où la distinction vraie dans son principe entre les meubles corporels et les meubles incorporels. Les meubles corporels, et tout le monde est d'accord pour donner à ce mot un sens très large, sans s'arrêter à l'article 533 du Code civil, seraient donc soumis à l'article 2279 ; il en serait autrement des meubles incorporels. Cette distinction cependant n'est pas complètement exacte, il y a à ces deux règles des exceptions fondées sur ce que pour certains meubles corporels il y a des formalités de transmission, et que pour certains meubles incorporels ces formalités n'existent pas ; dans ce cas ces meubles incorporels sont en quelque sorte assimilés aux meubles corporels.

(1) Cf. Baudry-Lacantinerie et Tissier, *De la prescription*, p. 529, n° 844.

1re EXCEPTION : *Meubles* CORPORELS *auxquels ne s'applique pas*
l'article 2279.

Tout le monde admet d'abord que les universalités
de meubles sont exclues de notre règle. C'était la doctrine ancienne confirmée par les travaux préparatoires,
pour les universalités (et nous entendons par là les universalités juridiques comme une succession mobilière,
et non les universalités de fait qui ne sont que des grou-
pements de meubles, sans qu'elles aient, en tant qu'universalités, une existence juridique propre) ; les motifs
de l'article 2279 (impossibilité de produire les titres)
n'existent pas. L'intérêt du commerce ne réclame nullement la transmission facile des droits successifs ; et il
est impossible de concevoir des droits de cette nature
acquis par une simple convention suivie de tradition :
le possesseur est-il héritier *ab intestat*, il lui est facile
d'invoquer la loi qui le déclare héritier, et de prouver
par des titres sa qualité de parent ; est-il légataire, il
doit produire un testament ; est-il cessionnaire de droits
successifs, il doit prouver la cession par un acte régulier (1).

D'autre part, l'article 2279 n'a pas trait non plus aux
objets mobiliers réclamés comme accessoires d'un immeuble revendiqué ; l'accessoire suit le principal, et le

(1) Cf. Colmet de Santerre, VIII, n° 388 *bis*, VIII. — Cf. également en ce sens, Exposé des motifs de Bigot-Préameneu, Locré,
t. XVI, p. 587, n° 15. On peut ajouter que l'article 2279 n'ayant trait
qu'à la revendication, il ne saurait en être question en matière d'hérédité, puisque l'héritier ne revendique pas.

titre qui prouvera la propriété de l'immeuble établira en même temps celle du meuble qui en est l'accessoire (1). Il en serait de même pour les objets immobilisés par destination du propriétaire en vertu de l'article 524 du Code civil. Quant aux navires, l'article 195 du Code de commerce n'en permet la vente que par écrit, ils sont donc soustraits à l'article 2279 (2). Ces solutions sont généralement admises.

Quelques difficultés se sont au contraire élevées en ce qui touche les manuscrits, les lettres missives. Pour eux, il nous semble, sans entrer plus avant dans la discussion, que ce sont des objets mobiliers tombant sous le coup de l'article 2279. Mais il est nécessaire de préciser : nous voulons parler ainsi du manuscrit, de la lettre en tant que chose corporelle, mais non du droit de publier le contenu. Ce droit est tout à fait distinct, la question qui s'élève à son sujet est absolument en dehors de notre matière (3).

2e EXCEPTION : *Meubles* INCORPORELS *auxquels s'applique l'article* 2279.

Tandis que, en principe, les créances ne peuvent être soumises à l'article 2279, parce que leur transmission

---

(1) Cf. De Folleville, *op. cit.*, nos 64, 65 ; Poincaré, *op. cit.*, p. 159.

(2) Cf. Cass., 18 juin 1870, S. 70.1.145. — Lyon-Caen et Renault, *Traité de droit commercial*, V, nos 84 et 161.

(3) Cf. Aubry et Rau, II, p. 115, § 183 ; Laurent, XXXII, n° 570 ; Poincaré, *op. cit.*, p. 159 et 160 ; Tissier, *La propriété et l'inviolabilité du secret des lettres missives*, p. 93 et *sq.*

est réalisée, en vertu de la loi, soit par les formalités de l'article 1690, soit par le moyen du transfert ou de l'endossement, s'il s'agit de créances constatées dans un titre nominatif ou dans un titre à ordre (1), il y a certaines créances qui s'incarnent en quelque sorte dans le titre même qui les constate, devenant pour ainsi dire des choses corporelles comme ce titre, et auxquelles par suite l'article 2279 devient applicable. Ce sont les créances constatées par des titres au porteur, et également les billets de banque. Ces valeurs se transmettant de la main à la main comme un meuble corporel, les motifs de notre règle exigent donc la suppression en ce qui les concerne de l'action en revendication (2).

Nous supposons maintenant que nous sommes bien dans le domaine d'application de l'article 2279, que la chose dont la propriété est en litige est bien une de celles auxquelles se réfère cet article, et nous nous demandons dans quelles conditions le possesseur pourra invoquer la maxime : « En fait de meubles possession vaut titre ». On conçoit en effet, quelle que soit l'opinion qu'on adopte sur le fondement juridique de l'article 2279, que l'on exige chez le possesseur certaines conditions, et qu'une possession quelconque ne soit pas suffisante pour le faire triompher. Nous examinerons successive-

(1) Cf. Paris, 26 novembre 1887, D. 87.2.110 ; Paris, 4 juillet 1890, D. 95.2.421 ; S. 94.2.17.

(2) Cf. Aubry et Rau, II, p. 113, § 183, texte et note 20 ; Laurent, XXXII, n. 568 et 569 ; Wahl, *Titres au porteur*, n° 1416 et *sq.* ; Cpr. Cass., 25 mars 1891, S. 91.1.469 ; Douai, 20 juin 1892, S. 92.2.167.

ment ce qui concerne : 1° la bonne foi ; 2° le juste titre ; et 3° les caractères que doit revêtir la possession.

1° *Bonne foi*. — La bonne foi est la croyance chez le possesseur que celui dont il tient le meuble était propriétaire. Or faut-il pour pouvoir invoquer l'article 2279, et la règle « en fait de meubles possession vaut titre », pour devenir en d'autres termes propriétaire par le seul fait de la possession, que le détenteur du meuble soit de bonne foi ? Telle est la question, et quoique la réponse affirmative soit celle de la majorité de la doctrine (1), et celle de la jurisprudence (2), qui n'a jamais varié sur ce point, quelques jurisconsultes, et parmi eux MM. Aubry et Rau, soutiennent énergiquement que l'article 2279 protège le possesseur même de mauvaise foi (3).

Sans doute, disent-ils, si on se tenait aux motifs de l'article 2279, la question ne ferait pas de doute, et il faudrait admettre la bonne foi au nombre des conditions d'application de notre règle. En effet, en dehors des rai-

(1) Cf. Marcadé, t. 12, sur l'art. 2280, n° 2 ; Demolombe, *Distinction des biens*, etc., t. 1, n° 622 ; Laurent, t. XXXII, n° 559, p. 577 et 578 ; Colmet de Santerre, t. VIII, n° 387 *bis*, X ; de Folleville, n° 27, p. 39 ; Baudry-Lacantinerie et Tissier, *op. cit.*, p. 544, n° 871.

(2) Cf. Cass. req., 9 janvier 1811, D. *Rép.*, V° *Prescription*, n° 268 ; Metz, 10 janvier 1867, D. 67.2.14 ; Cass. rej., 7 décembre 1868, D. 69.1.83 ; Cass. rej., 5 décembre 1876, D. 77.1.166 ; Cass., 6 juillet 1886, D. 87.1.25 ; Amiens, 2 juin 1887, D. 88.2.94 ; Nancy, 30 décembre 1891, D. 92.2.241 et la note de M. Planiol ; Cass., 1er février 1893, S. 94.1.86 ; D. 94.1.278.

(3) *Sic* : Aubry et Rau, II, p. 116, § 183, n. 29 ; Poincaré, *op. cit.*, p. 122 et *sq.* ; Van Bemmelen, *op. cit.*, p. 418.

sons d'utilité pratique qui peuvent l'expliquer (difficulté d'exiger des actes écrits, nécessité dans l'intérêt de la sécurité du commerce de ne pas exposer perpétuellement les détenteurs de meubles à des actions en revendication), le texte peut se justifier d'une autre façon. Quand un meuble a passé dans les mains d'un possesseur sans la volonté du *verus dominus*, et en dehors de l'hypothèse de vol ou de perte, c'est qu'il a été remis par le propriétaire à une personne qui a abusé de sa confiance et qui a remis le meuble à une troisième. Or il s'agissait de savoir lequel l'emporterait de cette troisième personne, ayant cause du détenteur précaire ou du propriétaire. La loi sacrifie le propriétaire parce que lui seul a une imprudence à se reprocher, mais il ne peut en être ainsi que dans le cas où le possesseur a reçu la chose de bonne foi ; sinon il aurait à se reprocher une véritable faute, et on ne voit pas pourquoi on préférerait à un imprudent un individu de mauvaise foi.

Ce sont là, pour ces auteurs, plutôt des idées législatives que des solutions légales ; elles peuvent expliquer l'article 2279, mais elles ne peuvent pas faire découvrir l'existence de la bonne foi dans le texte même de la règle « En fait de meubles possession vaut titre ». Pour que la bonne foi soit considérée comme une condition de l'acquisition légale de la propriété par la possession, il faudrait que le texte en parlât ; cela serait d'autant plus nécessaire qu'en général les effets de la possession ne dépendent pas de la bonne foi ou de la mauvaise foi, et que nulle part Bourjon, celui-là même qui a formulé la règle, ne mentionne la condition de bonne foi.

Il est vrai, ajoutent-ils, qu'on prétend trouver dans le Code civil, en dehors de l'article 2279, un texte qui semble un argument péremptoire pour l'opinion généralement admise. C'est l'article 1141. Il décide que, au cas de deux ventes successives à deux personnes différentes, « celle des deux qui en a été mise en possession réelle est préférée et en demeure propriétaire, encore que son titre soit postérieur en date, *pourvu toutefois que la possession soit de bonne foi* ». Il s'agit d'un conflit de propriété entre deux acquéreurs successifs d'un même meuble : celui qui aura reçu *de bonne foi* l'objet sera préféré. Il y a là, dit-on, une application pure et simple du principe de l'article 2279, et la bonne foi est expressément exigée.

Mais, répondent MM. Aubry et Rau, et ceux qui ont adopté leur opinion, que résulte-t-il en réalité de ce texte? Sans doute, le possesseur, deuxième acquéreur, si on le suppose de mauvaise foi, ne restera pas propriétaire à l'encontre du premier acquéreur, cela est certain. Mais cela ne veut pas dire nécessairement que ce premier acquéreur aura contre lui une action en revendication, à laquelle ne serait pas opposable la maxime « en fait de meubles possession vaut titre » parce que la condition de bonne foi ferait défaut. Il y a à cette exigence de la bonne foi dans l'article 1141 un autre motif beaucoup plus simple et qui nous permet de ne pas chercher dans un article qui n'est pas au siège de la matière la preuve de l'existence d'une condition dont l'article 2279 ne parle pas. En effet, quand il s'agit d'un deuxième acquéreur de mauvaise foi il y a de la part de ce dernier connivence avec le vendeur pour tromper le premier acquéreur, le fait tombe directement sous le coup de l'article 1382 du Code civil. Il y a contre lui une action personnelle en réparation du dommage causé et c'est au principe général de l'article 1382 que le législateur aurait fait allusion en parlant de la bonne foi dans l'article 1141. C'est dans ce sens que l'acquéreur de mauvaise foi ne demeure pas propriétaire, c'est par une action personnelle et non par une action réelle que l'on pourra triompher contre lui. On serait donc ici en dehors de l'article 2279, puisque son domaine propre est celui de l'action en revendication.

Nous avouons que s'il n'y avait en faveur de l'opinion générale que les motifs de l'article 2279, nous n'hésiterions pas à la repousser. Sans doute, protéger le possesseur de mauvaise foi par la règle « en fait de meubles possession vaut titre ». c'est dans nombre de cas se montrer défavorable aux intérêts du propriétaire ; mais ce n'est pas réfuter un système que de signaler les conséquences rigoureuses qui en découlent, si ce système est celui de la loi. Mais nous allons essayer d'établir que l'explication qu'on a tenté de donner de l'article 1141 n'est qu'une conception inexacte, inventée pour mettre d'accord un texte gênant avec une opinion

préconçue. Nous ne prétendons pas que, en elle-même
cette idée ne soit pas soutenable, nous croyons même
qu'elle peut à la rigueur s'accorder avec les termes
mêmes de l'article, le second acquéreur de mauvaise
foi soumis à une action personnelle en restitution ne
demeurant pas propriétaire,mais elle est manifestement
contraire aux intentions du législateur. Voici ce qu'on
lit en effet dans l'exposé des motifs de Bigot-Préameneu :
« A l'égard des choses mobilières, quoique, respective-
ment aux parties, le transport de la propriété s'opère à
l'époque où la livraison doit se faire, cependant on a dû
considérer l'intérèt d'un tiers dont le titre serait postérieur en date, mais qui, ayant acquis de bonne foi, aurait été mis en possession réelle. La bonne foi de cet
acquéreur, la nécessité de maintenir la circulation libre
des objets mobiliers, la difficulté de les suivre et de les
reconnaître dans la main de tiers possesseurs, ont dû
faire donner la préférence à celui qui est en possession,
quoiqu'il y ait un titre antérieur au sien. » Notre maxime
n'y est pas indiquée, mais ce sont ses motifs mêmes qui
sont invoqués pour justifier l'article 1141, et si l'on veut
une preuve plus évidente, il est facile de la trouver dans
les paroles du tribun Favard qui mentionne expressément la règle : « Le principe est fondé, dit-il, sur ce que
les meubles n'ont pas de suite et sont censés appartenir
à celui qui les possède, s'il n'est pas prouvé que sa possession est fondée sur le dol, la fraude ou la mauvaise
foi. » L'intention du législateur est certaine.

En réalité, il n'y a qu'un seul système possible pour les auteurs qui repoussent la bonne foi, c'est de dire que sans doute l'article 1141 s'est inspiré de l'idée qu'en fait de meubles il est désirable que l'acquéreur de bonne foi ne soit pas inquiété par le propriétaire, mais que, suivant les termes mêmes de M. Van Bemmelen, « l'article 1141 a été conçu par les compilateurs du Code longtemps avant l'article 2279 (1) et avant qu'ils se fussent décidés à adopter la doctrine de Bourjon. L'article 1141, emprunté à l'ancien droit, renferme un système différent et moins avancé ». Et cet auteur conclut en effet : « Maintenant que l'article 2279 coexiste avec l'article 1141, ce dernier est battu et écarté par le premier. Le second acquéreur est propriétaire par sa possession, tandis que le preneur a perdu la sienne, obtenue par constitut possessoire à l'instant de la délivrance au second, dont la bonne foi est parfaitement indifférente. Le premier ne peut être préféré au second si celui-ci est de mauvaise foi. L'article 2279 ne laisse plus aucune place à l'article 1141 et l'absorbe pour ainsi dire. » Ce système radical, qui fait bon marché de l'article 1141, nous paraît inadmissible. L'article 1141 nous apparaît bien comme une application de l'article 2279, et dans cette application la préférence est donnée au possesseur de bonne foi.

Ajoutons que l'article 2279, alinéa 2, après avoir ouvert au profit du propriétaire l'action en revendication

(1) *Op. cit.*, p. 420.

au cas de vol ou de perte contre celui dans les mains
duquel il trouve la chose, consacre en termes exprès la
possibilité d'un recours de ce dernier contre celui duquel il la tient. Ne voit-on pas par là que l'idée du législateur était que l'article 2279, alinéa 2, ne pût s'appliquer qu'à des possesseurs de bonne foi ? Et s'il en est ainsi
dans l'alinéa 2, il en est de même dans l'alinéa 1, l'exception étant de même nature que la règle.

La bonne foi se présume du reste chez le possesseur
soit en vertu de l'article 2268 si on admet que l'article 2279 est une prescription instantanée, soit en vertu
du droit commun de la preuve. Si en effet on imposait
au possesseur la preuve de la bonne foi, c'est-à-dire la
preuve de l'ignorance où il est qu'il a reçu la chose d'un
non dominus, on exigerait une preuve impossible, celle
d'une négation indéterminée. C'est au juge du fait qu'il
appartient au surplus d'apprécier souverainement l'existence de la bonne foi ; sa décision échappe sur ce point
à la censure de la Cour de cassation (1).

Mais à quel moment la bonne foi est-elle requise ?
Les auteurs sont partagés. Les uns exigent que la bonne
foi existe au moment de l'entrée en possession, puisque
c'est cette possession qui permet d'invoquer l'article 2279 (2). Les autres, et la jurisprudence est en ce
sens, décident qu'il suffit d'être de bonne foi lors du

(1) Cass., 9 novembre 1893, D. 94.1.339.
(2) Cf. Demolombe, *Oblig.*, I, n° 475 ; Laurent, XXXII, n° 561,
p. 579 ; de Folleville, n°⁵ 28 à 30, p. 39 et 40.

contrat. C'est qu'en effet pour ces auteurs la loi, lorsqu'il s'agit de décider entre le propriétaire et le possesseur de bonne foi, impose la perte à celle des deux parties qui par son imprudente confiance, a créé la situation, et autorisé l'autre en quelque sorte à traiter avec le détenteur précaire. C'est donc au moment du contrat que le possesseur avait intérêt à savoir que celui qui lui livrait la chose n'était pas propriétaire, c'est alors que l'imprudence du *verus dominus* qui entraîne pour lui cette sorte d'expropriation, cause préjudice à l'acquéreur ; c'est donc à ce moment qu'il faut exiger la bonne foi.

Nous adoptons pour notre part le second système. La bonne foi n'est pas en effet un élément objectif, lié indissolublement à la possession, mais un élément subjectif que l'on doit examiner dans la personne même du possesseur. Si ce dernier, au jour de l'acquisition était de mauvaise foi, il a commis une faute et on comprend qu'on lui préfère le propriétaire ; mais si, à ce moment, il était de bonne foi, pourquoi ne pas lui permettre d'invoquer l'article 2279 ? Il n'y a aucune faute à lui reprocher, et au contraire le propriétaire a été imprudent. Ce n'est donc qu'au jour du contrat qu'il importe de rechercher la bonne foi (1).

En résumé, pour MM. Aubry et Rau et les auteurs qui ont suivi leur opinion, le possesseur même de mau-

---

(1) Cf. Larombière, sur l'article 1141, n° 5 ; Colmet de Santerre, VIII, n° 387 *bis*, XII. Cf. également, Cass., 5 décembre 1876, précité ; 6 juillet 1886, précité.

vaise foi peut invoquer la maxime : « En fait de meubles possession vaut titre », et il échappe ainsi à l'action en revendication, mais il peut se faire qu'en vertu de l'article 1382, il soit tenu d'une action personnelle en restitution, action dans laquelle le propriétaire sera forcé de subir le concours de tous les créanciers du possesseur, au cas de faillite ou de déconfiture de ce dernier. Pour nous, au contraire, la règle de l'article 2279 ne peut être invoquée que par le possesseur de bonne foi ; celui-là seul acquiert la propriété ; le possesseur de mauvaise foi est soumis pendant 30 ans à l'action en revendication, et ce n'est qu'au bout de ce laps de temps qu'il sera vraiment propriétaire, puisqu'à ce moment l'action qui existait contre lui sera prescrite en vertu du principe général de l'article 2262.

2° *Juste titre.* — On a coutume de dire que la solution admise au sujet de la bonne foi entraîne la solution à admettre au sujet du juste titre. Les auteurs pour lesquels la bonne foi est une condition d'application de l'article 2279 devraient décider que le juste titre est également nécessaire. La solution inverse s'imposerait pour ceux qui croient que la possession, même de mauvaise foi, suffit pour permettre d'invoquer la règle « en fait de meubles possession vaut titre ». Cette idée ne nous paraît pas exacte. Sans doute, en fait, la plupart du temps, il n'y aura guère possession de bonne foi quand il n'y aura pas juste titre (vente, échange, donation, etc.). Mais pourtant

il peut se faire qu'un possesseur soit de bonne foi
sans avoir le juste titre. Ces hypothèses sont rares,
mais il suffit qu'elles puissent exister pour que se pose
la question de savoir si le juste titre doit être exigé
de celui qui invoque l'article 2279, comme condition
spéciale, indépendante de la bonne foi.

Or le juste titre est un fait juridique qui, s'il émanait
du vrai propriétaire, aurait pour effet de transférer la
propriété. Il n'y a donc pas juste titre quand le fait juridique n'est pas translatif, mais déclaratif de droits pré-
existants ; il en est ainsi par exemple du partage
(art. 883). Pourtant, des objets qui n'appartenaient pas
au défunt, peuvent avoir été placés par erreur dans le
lot d'un héritier qui peut être de très bonne foi. Pourra-t-il ou non invoquer l'article 2279 ? D'autre part, on
admet en général que le titre putatif n'équivaut point à
un juste titre. Je crois à un acte translatif qui n'a pas
eu lieu ; j'avais par exemple donné mandat à un tiers
de m'acheter un meuble, mon mandataire me le rap-
porte, et il prétend l'avoir acheté ; je possède ce meuble
en vertu d'un titre putatif ; si je suis de bonne foi, pour-
rai-je invoquer l'article 2279 contre le véritable propriétaire intentant contre moi l'action en revendication?
C'est ainsi que se pose la question, et ces exemples suf-
fisent à montrer que les deux conditions de juste titre
et de bonne foi ne sont pas intimement liées et qu'on
peut admettre l'une sans que l'autre s'impose.

Les auteurs qui voient dans l'article 2279 un cas de

prescription instantanée ont été conduits à décider que le juste titre devait être exigé. En effet, cette prescription n'est privilégiée que quant à la durée, mais toutes les autres conditions subsistent, notamment la bonne foi, et pour la corroborer, le juste titre. Le possesseur devrait établir l'existence de ces deux conditions. Nous avons fait par avance justice de cette argumentation, puisque nous avons repoussé le système général qui lui sert de base. Nous nous trouvons en présence d'un cas d'acquisition *lege*, nous devons nous en rapporter au texte de notre article. Or la formule de la règle n'est-elle pas en contradiction flagrante avec le système que nous combattons? En fait de meubles, possession vaut titre, donc non seulement le juste titre n'est pas exigé, mais la possession toute seule (jointe à la bonne foi) équivaut à un titre. Au surplus, admettre la nécessité du juste titre, c'est aller directement contre les motifs de l'article 2279 ; c'est rendre nécessaires les justifications, les preuves qu'il a pour but d'éviter. Il est vrai que parmi les partisans de l'opinion opposée à la nôtre, certains auteurs (1), touchés par cette considération, ont soutenu que le possesseur était présumé posséder en vertu d'un juste titre. Mais même avec ce tempérament, le système est inadmissible, car nous nous trouvons en présence d'un texte formel : l'article 2279, qui transforme la possession en un véritable titre d'acquisition de propriété. Mais, a-t-on dit, la théorie d'après laquelle le juste titre

(1) Mourlon, *Répétit. écrites*, t. III, n° 1994.

n'est pas une condition d'application de la règle « en fait de meubles possession vaut titre » se heurte d'une part à certains textes du Code civil, et d'autre part elle entraîne des conséquences inacceptables.

Et d'abord les textes : ce sont les articles 1376 et 1238. En vertu de l'article 1376 celui qui reçoit en paiement un objet qui ne lui est pas dû, doit le restituer. Or, dit-on, il y a là une preuve qu'il ne peut pas opposer la maxime de l'article 2279, pourquoi ne le pourrait-il pas, sinon parce qu'il lui manque le juste titre ? Cette objection est facile à résoudre, car il ne s'agit pas dans l'article 1376 d'une action en revendication, la restitution de l'article 1376 est fondée sur une obligation personnelle, étrangère par suite au domaine de l'article 2279.

C'est un argument du même genre que l'on tire de l'article 1238, relatif lui aussi au paiement. Il suppose le paiement fait par un incapable ou par un *non dominus*, et il décide que, s'il s'agit d'une chose qui se consomme par l'usage, la consommation de bonne foi par le créancier empêche de réclamer la chose payée. Avant la consommation, par suite, ce créancier ne peut pas, dit-on, repousser la réclamation du propriétaire : c'est apparemment parce qu'il n'a pas de juste titre, sans cela il opposerait l'article 2279. L'erreur commise est ici la même, l'article 1238 parle non pas d'action en revendication, mais d'action en répétition. Il envisage les rapports du *solvens* et de l'*accipiens*, et vise par con-

séquent une hypothèse qui est en dehors du domaine de
notre règle (1).

Il est donc impossible de relever aucune contradiction entre les articles 1238 et 1376 et l'article 2279, et
notre opinion se trouve au point de vue des textes soli-
dement établie. Les conséquences en fussent-elles fà-
cheuses, elles devraient donc être acceptées ; ce n'est
pas à l'interprète qu'il appartient d'introduire dans la
loi des éléments nouveaux qui la modifient. Mais en réalité, ces conséquences sont-elles vraies ?

Si, nous dit-on, votre théorie était exacte, il en ré-
sulterait que l'héritier d'un dépositaire, d'un commodataire ou même d'un vendeur qui n'a pas encore livré,
pourraient invoquer l'ignorance où ils se trouvent de
l'obligation de leur auteur, et arriver ainsi à bénéficier
de l'article 2279. Remarquons qu'il ne s'agit pas ici de
la prétention émise par un héritier apparent de bonne
foi de s'approprier ainsi tous les meubles de l'hérédité;
car nous serions alors en présence d'une universalité
mobilière à laquelle l'article 2279 est absolument étranger. L'hypothèse visée rentre bien en principe dans le
domaine de notre texte, il s'agit de la possession de tel
ou tel meuble de l'hérédité, et non de tous les meubles
de cette hérédité. On est bien en présence d'un cas de
revendication et non d'un cas de pétition d'hérédité.

---

(1) En ce sens : Aubry et Rau, II, § 183, n. 3, p. 108 ; Laurent,
XXXII, n. 553 ; Poincaré, *op. cit.*, p. 129 et *sq. Contrà*, Marcadé sur
l'article 2279, n. 2 ; Demolombe, IX, n. 622, et XXIV, n. 469.

Mais notre système ne conduit nullement à protéger les héritiers et à leur permettre d'invoquer l'article 2279. En effet, nous établirons plus loin que la qualité de détenteur précaire, ou la qualité d'obligé personnel enlève le bénéfice de cet article. Or, de deux choses l'une, ou bien leur auteur était libéré par la prescription trentenaire de son obligation personnelle, ou bien il ne l'était pas. En ce dernier cas, il était à la fois, au moment de son décès, obligé personnel et détenteur précaire, et la précarité, vice de la possession, de même que l'obligation personnelle, passent toutes deux aux héritiers. Le propriétaire peut agir contre eux soit par l'action personnelle née du contrat, cas auquel on est en dehors de l'article 2279 relatif à l'action réelle, soit par l'action en revendication, et alors la précarité ou la qualité d'obligé personnel empêche d'invoquer cet article. Si l'on passe maintenant à la première hypothèse, sans doute l'action personnelle ne pourra pas être intentée avec succès puisqu'il y a prescription, mais la possession de l'héritier sera précaire comme celle de son auteur, et par conséquent l'article 2279 sera ici encore inopposable. On voit donc que les conséquences que l'on attribue à notre système sont fausses, et nous restons en présence des seuls arguments de texte, qui sont, nous l'avons démontré, en notre faveur.

Nous repoussons donc comme condition d'application de l'article 2279 le juste titre en tant qu'il serait distinct de la bonne foi. Mais que décider pour les conditions relatives non plus à la personne du possesseur, mais à la possession elle-même ?

3° *Conditions relatives à la possession elle-même*. — Tout le monde est d'accord pour exiger que la possession soit réelle. L'article 1141, à défaut de l'article 2279, est formel sur ce point. On n'a donc pas à appliquer ici l'article 1606 du Code civil qui prévoit certains cas de délivrance, par exemple la remise des clefs des bâtiments qui contiennent les meubles. On ne peut, à cet égard, poser aucune règle théorique. La plupart du temps, ces modes de délivrance ne suffiront pas pour créer la possession réelle, mais il pourra arriver qu'ils la constituent. Il y aura de ce chef un pouvoir d'appréciation souveraine des juges du fond (1).

Mais faut-il aller plus loin et exiger d'autres caractères de la possession ? Evidemment, pour les auteurs qui considèrent notre maxime comme une prescription instantanée, la solution est très simple. Il faut appliquer les règles générales de la prescription et notamment l'article 2229 du Code civil : la possession devra être paisible, publique, non équivoque et à titre de propriétaire. On ne parle pas bien entendu des conditions de continuité et de non-interruption, puisqu'elles sont relatives à la durée de la possession, et que nous sommes ici en présence d'une prescription instantanée.

La très grande majorité des auteurs, qui s'écartent

---

(1) Cf. Poincaré, *op. cit.*, p. 177 et *sq.* Cpr. Cass., 9 novembre 1893, D. 94. 1. 399.

le cette manière de voir et parlent soit d'acquisition *ege*, soit de présomption légale de propriété, repoussent avec raison l'article 2229, mais ils semblent d'accord d'autre part pour exiger une possession à titre de propriétaire. Le détenteur précaire, dépositaire, commodataire, locataire, etc. ne pourrait pas opposer au propriétaire la maxime de l'article 2279. La précarité qui, en matière de prescription acquisitive des immeubles, est un vice absolu et perpétuel, qui ne peut être purgé que par l'interversion du titre, soit par une cause venant d'un tiers, soit par la contradiction opposée au droit du propriétaire, aurait en matière de meubles les mêmes caractères et les mêmes effets.

Il semble que les auteurs, et nous nous sommes rangé à leur avis, qui exigent la bonne foi chez le possesseur ne doivent pas hésiter à admettre la revendication contre le détenteur précaire. Il est de mauvaise foi, il ne peut donc pas échapper à l'action en revendication en opposant la règle « en fait de meubles possession vaut titre », l'une des conditions requises lui faisant défaut. Cependant, il peut arriver qu'un détenteur précaire soit de bonne foi, il peut en être ainsi, nous venons de le voir, pour l'héritier d'un détenteur précaire. La question reste donc entière. D'autre part, les conséquences de la précarité et de la mauvaise foi ne sont pas identiques. Tandis que, au bout de 30 ans, en vertu de l'article 2262, le possesseur de mauvaise foi pourra avoir acquis la propriété et échapper ainsi à l'action en revendication,

la précarité, vice indélébile de la possession, empêche
les héritiers comme elle en empêchait leurs auteurs
(art. 2236-2237), de prescrire par quelque laps de temps
que ce soit. La question de précarité doit donc être, elle
aussi, examinée à part et indépendamment de la bonne
ou de la mauvaise foi. Il nous paraît du reste que l'hésitation n'est pas possible en présence du texte de notre
article. Il parle de possession, or le mot possession a
dans notre droit un sens technique ; la possession suppose l'*animus domini*, non pas seulement pour conduire
à la prescription, mais pour exister en tant que possession. Sans *animus domini*, on est détenteur précaire,
non possesseur et par conséquent l'article 2279 ne saurait s'appliquer. D'autre part, pratiquement, refuser au
propriétaire l'action en revendication contre le détenteur précaire, c'est favoriser la fraude, c'est se mettre
en contradiction avec le but même de l'article 2279 qui
est de protéger le possesseur contre l'action d'un tiers,
au cas d'acquisition *a non domino*. Nous avouons que ces
considérations pratiques ne nous toucheraient guère,
s'il n'y avait le texte précis de notre article ; sans doute
ce qu'il a eu surtout en vue, c'est l'hypothèse de l'acquisition *a non domino*, mais il pouvait y avoir les mêmes
intérêts à protéger le possesseur contre celui de qui il
tient la chose ; en matière mobilière, on ne fait pas d'acte
écrit, cela est vrai dans les rapports de qui que ce soit,
le défaut de preuve existera aussi bien pour le possesseur vis-à-vis de son auteur que vis-à-vis des auteurs de

cet auteur lui-même. Nous nous en tenons au texte formel de l'article 2279 qui exige la possession, c'est-à-dire la possession légale *animo domini*. Sans l'*animus domini* la possession manque d'une condition nécessaire et ne peut servir de base à l'acquisition de la propriété que nous voyons dans l'article 2279.

On a fait souvent intervenir dans le débat deux autres arguments tirés l'un de l'article 1926 du Code civil, l'autre de l'article 608 du Code de procédure. Il est nécessaire de les examiner.

L'article 1926 du Code civil est ainsi conçu : « Si le dépôt a été fait par une personne capable à une personne qui ne l'est pas, la personne qui a fait le dépôt n'a que l'action en revendication de la chose déposée, tant qu'elle existe dans la main du dépositaire, ou une action en restitution jusqu'à concurrence de ce qui a tourné au profit de ce dernier ». Ce texte paraît bien consacrer l'existence de l'action en revendication au profit du déposant contre un dépositaire, et il y aurait là, puisque le dépôt ne peut porter que sur des meubles, une application légale de notre système, revendication possible de la part du propriétaire de meubles contre un détenteur précaire. Pourtant, a-t-on dit, les termes de l'article 1926 ne peuvent être bien compris qu'en les rapprochant de ceux de l'article 1925. Celui-ci prévoit l'hypothèse d'un dépôt fait par une personne incapable entre les mains d'un individu capable, et il décide que, dans ce cas, ce dernier sera tenu de toutes

les obligations d'un véritable dépositaire. Au contraire,
dans l'hypothèse inverse prévue par l'article 1926, ces
obligations n'existeraient pas à la charge du dépositaire incapable, il serait simplement tenu soit de l'action en revendication tant que la chose serait entre ses
mains, soit d'une action en restitution de ce qui a tourné
à son profit s'il n'a plus la chose. Or les rédacteurs du
Code auraient voulu, en parlant d'action en revendication à l'article 1926, faire ressortir la différence entre
ces deux hypothèses prévues ; et les mots « action en
revendication » ne seraient mis là que par opposition aux
mots « toutes les obligations » de l'article 1925. Des obligations du dépositaire il ne resterait qu'une seule au
cas de l'article 1926, celle de restituer soit la chose
elle-même, soit ce qui a tourné à son profit.

Cette argumentation ne saurait nous convaincre :
sans doute il ne faut pas prendre trop à la lettre les
mots de l'article 1926 ; le législateur en donnant à
l'action du déposant le caractère d'action en revendication a visé l'hypothèse la plus fréquente, celle où le déposant est propriétaire de la chose, mais dans les cas
où il ne le sera pas, il faudra bien pourtant qu'il existe
à son profit une action en restitution. Cela est com-
mandé par l'équité et conforme du reste aux principes de
la théorie des contrats annulables. Le déposant capable
invoque en effet le contrat, et demande l'exécution des
obligations du dépositaire, celui-ci demande la nullité.
Mais l'incapable (art. 1312) doit rendre ce qui a tourné

son profit, or quand la chose existe entre ses mains
lle constitue bien pour lui un gain qu'il n'a pas le droit
e conserver. A défaut d'action en revendication, il pa-
aît donc très juridique de reconnaître une action en
estitution au profit du déposant non propriétaire. Mais
uoi qu'il en soit, il y a bien une hypothèse dans laquelle
'action en revendication existe, et les termes de l'arti-
le 1926 sont trop formels pour qu'on puisse ainsi les
carter. Qu'il y ait quelquefois une action personnelle en
estitution, nous le reconnaissons volontiers, mais, et
'est en cela que l'opinion adverse nous paraît critiqua-
le, il n'y a pas que cette action personnelle en resti-
ution, il y a quand le déposant est propriétaire une
ction en revendication ; l'article 1926, sainement inter-
rété, nous paraît donc fournir un solide argument en
'aveur de notre opinion.

Le second texte est l'article 608 du Code de procé-
ure civile. Il traite de l'action en distraction. Une sai-
ie-exécution a été faite. Certaines personnes soutiennent que quelques-uns des objets saisis ne sont pas la
ropriété du saisi, ils doivent intenter ce qu'on appelle
ine action en distraction et s'opposer ainsi à la vente
lesdits objets : « Celui qui se prétendra, dit l'article 608, propriétaire des objets saisis ou de partie d'i-
ceux pourra s'opposer à la vente par exploit signifié au
gardien et dénoncé au saisissant et au saisi, contenant
assignation libellée et l'énonciation des preuves de
propriété, à peine de nullité. » Parler de l'énonciation

des preuves de propriété, c'est bien dire qu'il s'agit d'action en revendication ; l'action n'est au fond qu'une revendication de tout ou partie des objets saisis, et il y a là encore une consécration de notre théorie . Nous croyons cependant que l'argument porte trop : il n'est pas dit en effet que l'action doit être intentée par un créancier du saisi, on peut supposer qu'elle le soit par un tiers quelconque, par un propriétaire envers qui le saisi ne soit tenu d'aucune obligation, et nous serons alors obligé de décider qu'il y a là une exception formelle à l'article 2279. Si l'action en distraction est une action réelle, cette conséquence nous paraît inévitable.

Mais tel n'est pas à notre avis le sens du texte. Le législateur, pour éviter la fréquence des demandes en distraction formées sans motifs, par une sorte de complicité du saisi, pour retarder la vente des meubles saisis, a exigé l'énonciation des preuves de propriété.Mais il ne faut pas entendre seulement par là les titres proprement (1) dits, on doit y comprendre aussi les circonstances de nature à faire présumer que le demandeur se trouve dans une situation telle qu'il puisse faire valoir un intérêt légitime à empêcher la saisie, et qui sont à l'appréciation du Tribunal. Serait valable par exemple la demande formée par un prêteur non propriétaire à l'égard d'une saisie pratiquée par les créan-

---

(1) L'article 631 du projet du Code de procédure exigeait l'énonciation des « titres » de propriété ; l'article 608 ne porte plus que des « preuves » de propriété (Locré, t. XXII, p. 271).

ciers de l'emprunteur (1). Il y aurait donc des hypothèses dans lesquelles l'action en distraction peut être
intentée par un *non dominus*, et on ne peut plus dire alors
qu'elle est une revendication des objets saisis. Mais dans
tous les cas, on constate toujours l'existence d'un rapport personnel entre le demandeur et le saisi, l'action
en distraction apparaît donc, concluons-nous avec
MM. Aubry et Rau (2), comme « une simple action en
délivrance ou en restitution, susceptible d'être exercée
contre les créanciers du saisi, tout aussi bien que contre ce dernier ». L'article 608 du Code de procédure
nous semble donc devoir être écarté du débat, et ne
fournir aucun argument en faveur de la théorie que nous
soutenons.

Mais nous restons en présence de l'article 1926 et
surtout de l'article 2279 qui exige la possession et ce
mot exclut la détention précaire. La possession seule fait
acquérir la propriété, et supprime par suite la revendication, mais toutes les fois qu'on se trouve en présence
d'un non-possesseur, et c'est le cas, la revendication
subsiste. On présume du reste dans le doute que la possession est à titre de propriétaire. C'est une application
de l'article 2230 pour ceux qui voient dans notre règle
une prescription instantanée ; mais on arrive au même
résultat dans les autres systèmes par application du

(1) *Sic*, Garsonnet, *Cours de procédure*, t. III, § 583, p. 656 et
657.
(2) *Cours de Droit civil*, t. II, § 183, p. 117, n. 32.

droit commun. C'est en effet à celui qui excipe de la précarité de la possession à la prouver suivant les règles
ordinaires des articles 1341 et 1348 du Code civil (1).

Le propriétaire a donc, suivant nous, contre le détenteur précaire, outre l'action personnelle en restitution
une action en revendication, à laquelle l'article 2279
ne peut pas être opposé (2). Les auteurs qui, au contraire, comme MM. Aubry et Rau, n'admettent pas ici
l'application de la précarité, ne lui donnent qu'une action personnelle en restitution (3).

Mais quelle utilité y a-t-il de décider que la revendication subsiste à côté de l'action personnelle? Quels sont
les intérêts pratiques de la question? Le premier est le suivant : s'il s'agit d'une action personnelle, le demandeur
doit concourir avec tous les autres créanciers du défendeur. Si, au contraire, il intente l'action en revendication, lui seul en aura le bénéfice. Pourtant, cet intérêt
ne se présente pas, croyons-nous, pour l'action en distraction. Nous avons essayé d'établir que l'article 608
du Code de procédure civile ne visait pas en réalité une
action en revendication, mais simplement une action
en restitution ; mais il ne faut pas en conclure que le

_____

(1) Cass., 5 août 1890, D. 91. 1. 21. Cf. Laurent, XXXII, n° 547.

(2) *Sic* : Laurent, XXXII, nᵒˢ 544 à 546 ; Demolombe, *Don. et Test.*,
t. III, n° 79 ; Colmet de Santerre, VIII, p. 567 et 568, n° 387 *bis*, IV ;
Baudry-Lacantinerie et Tissier, p. 530 et *sq* , nᵒˢ 852 et *sq.*; cpr. Cass.,
15 avril 1890, D. 90. 1. 388 ; 5 août 1890 précité ; Nancy, 30 décembre 1891 précité.

(3) V. Aubry et Rau, II, § 183, n. 32, p. 115 ; Poincaré, *op. cit.*,
p. 135 et *sq.*

bénéfice de cette action doive se partager entre tous les créanciers saisissants. « La saisie, disent MM. Aubry et Rau (1), ne confère pas aux créanciers saisissants en ce qui concerne la propriété des objets saisis, un droit propre et distinct de celui de leur débiteur, dont ils ne sont sous ce rapport que les ayants cause. Il en résulte que les actions à l'aide desquelles un tiers aurait pu réclamer du débiteur les objets mobiliers qu'ils ont frappés de saisie, peuvent également être exercées contre eux, sauf bien entendu le droit dont ils jouissent *nomine proprio* de repousser comme ne pouvant leur être opposés, les actes simulés ou frauduleux passés par le débiteur pour prévenir la saisie ou en paralyser les effets. » Que l'on admette donc qu'il s'agit à l'article 608 d'une véritable action en revendication, ou simplement d'une action personnelle, il n'y aura pas de concours possible avec les créanciers, et l'intérêt pratique disparaît à ce point de vue.

Un autre intérêt peut du reste être relevé. Il peut arriver en effet que l'action personnelle née du contrat soit prescrite. Par exemple, le propriétaire qui a déposé un meuble chez un tiers, a laissé passer 30 ans sans intenter contre le dépositaire l'action du dépôt, et il n'invoque aucune cause de suspension. Si l'action personnelle est la seule reconnue, il est complètement désarmé. Si, au contraire, la revendication est permise contre un détenteur précaire, le droit du propriétaire

(1) *Op. cit.*, t. II, § 183, p. 117, n. 32.

sur la chose n'est pas compromis par la prescription de l'action personnelle (1).

Mais ici une objection se présente : En vertu de l'article 2262, les actions tant réelles que personnelles se prescrivent par 30 ans, ne va-t-il pas en résulter que l'action en revendication sera prescrite comme l'action personnelle et que, au bout de 30 ans, le détenteur précaire aura acquis la propriété. D'ailleurs, peut-on dire, quand le détenteur précaire cesse d'être soumis à une obligation personnelle, qui l'empêche de changer le titre de sa possession et d'avoir l'*animus domini* ? L'article 2240 défend, il est vrai, à un possesseur d'intervertir son titre à quelque époque que ce soit, mais c'est là une règle de prescription et l'article 2279 est étranger à cette matière.

Nous ne pensons pas que ces arguments doivent triompher. L'article 2262 soumet bien à la prescription trentenaire les actions réelles et notamment l'action en revendication qui en est le type, mais il convient de se mettre en garde contre la confusion qui pourrait résulter de l'assimilation que semble établir ce texte entre les actions réelles et les actions personnelles. La vérité est que, cela n'est du reste pas contesté en matière immobilière, la prescription de l'action en revendication n'est qu'indirecte, elle est la conséquence de l'usucapion, de la prescription acquisitive. On ne voit pas pourquoi il en serait autrement en matière mobilière.

(1) Cf. Colmet de Santerre, VIII, p. 568, n° 387 *bis*, V.

Or le détenteur précaire ne peut pas usucaper, sa possession manquant de l'une des conditions essentielles : l'action en revendication sera donc toujours possible contre lui. Qu'on n'objecte pas du reste que la solution de l'article 2240 est une règle de prescription : cela est vrai, mais rationnellement ne faut-il pas décider que si la précarité, vice indélébile de la possession, empêche l'acquisition de propriété par une possession prolongée, elle doit à plus forte raison faire obstacle à cette acquisition par le seul fait de la possession.

Quoi qu'il en soit, nous admettons pour notre part que le détenteur précaire est soumis à une action en revendication que l'article 2279 ne saurait écarter, pas plus qu'il n'écarte l'action personnelle en restitution, et nous avons jusqu'à présent mis en dehors de la protection de notre règle les possesseurs de mauvaise foi, qui, eux, peuvent acquérir la propriété par trente ans, et les détenteurs précaires qui, à moins d'interversion de titre, ne peuvent jamais prescrire par quelque laps de temps que ce soit. Mais il ne suffit pas de parler de mauvaise foi et de détention précaire, il peut se faire qu'en dehors de ces deux hypothèses, on ait une possession insuffisante pour invoquer l'article 2279. On peut en effet être tenu d'une obligation personnelle de restituer ou de livrer, peut-on dire en ce cas que l'on possède au sens de notre texte ? Nous ne le pensons pas ; le possesseur veut que sa possession soit tenue pour titre de propriété, il est logique d'exiger que lui-même considère sa possession comme celle d'un véritable propriétaire, et qu'il l'exerce à un titre propre. L'obligation personnelle qui pèse sur lui nous paraît enlever ce caractère à sa possession.

Toutes ces distinctions semblent, à première vue, inutiles, et la plupart du temps en effet, la qualité d'obligé personnel se confondra avec la mauvaise foi ou la précarité ; ceux qui sont personnellement obligés à la restitution de la chose qu'ils détiennent seront presque toujours des détenteurs précaires ou des individus de mauvaise foi. Pourtant, il était nécessaire de séparer nettement ces conditions, car elles peuvent ne pas être réunies. Prenons en effet un dépositaire, un emprunteur, un locataire. Il est certain que vis-à-vis du propriétaire, déposant, prêteur ou bailleur, il ne peut pas invoquer l'article 2279. Il est de mauvaise foi, il détient précairement, et il est personnellement obligé à la restitution de la chose. Mais si trente ans se sont passés sans que le propriétaire ait agi par l'action personnelle née du contrat, le détenteur cesse d'être obligé personnel. Pourtant, la revendication sera intentée avec succès contre lui puisqu'il est encore détenteur précaire et possesseur de mauvaise foi. Enfin, s'il vient à mourir dans ces conditions, son héritier peut posséder de bonne foi, et pourtant la précarité subsiste et il succombera dans l'action en revendication.

C'est du reste cette nécessité d'une possession exercée à un titre propre qui permet d'accorder le principe

du transfert de la propriété par le seul consentement
(art. 1138) avec l'article 2279. On pourrait soutenir en
effet que la propriété des meubles étant attachée à la
possession, le vendeur qui n'a pas encore livré reste
propriétaire jusqu'à la délivrance et que, par suite, la
propriété acquise à l'acheteur par le seul fait de la vente
disparaît en quelque sorte au moment où elle naît. S'il
en était ainsi, le principe de l'article 1138 disparaîtrait,
et cette conséquence s'impose pour ceux qui soutiennent
l'inexistence complète du droit de suite en matière mobilière.

Mais il est facile de voir, à la lumière des principes
que nous venons de poser, que le vendeur ne peut pas
opposer à l'acheteur la maxime de l'article 2279 et neu-
traliser ainsi l'acquisition de propriété réalisée par ce
dernier. En ce qui concerne le vendeur lui-même il se
trouve que d'une part il est de mauvaise foi, d'autre
part il est obligé personnellement à livrer ; cela est certain. Mais nous allons même plus loin, et nous pensons
qu'en réalité il est détenteur précaire. Gardant en effet
la chose entre ses mains après la convention qui opère
le transport, il cesse en réalité d'avoir l'*animus domini*
et possède pour l'acheteur. Il ne saurait donc, par cette
possession pour autrui, étouffer dès sa naissance la
propriété de l'acheteur. L'acquisition réalisée par la
vente est confirmée dans une certaine mesure par l'article 2279, puisque par une sorte de constitut posses-

soire, l'acheteur possède par l'intermédiaire du vendeur (1).

Il n'était pas sans intérêt d'établir ce dernier point,
car si, en ce qui concerne le vendeur lui-même, peu
importe le fait qui l'empêche d'invoquer notre règle à
l'encontre de l'acheteur, il n'en est pas de même pour
ses ayants cause et nous entendons par là les ayants
cause universels. S'il s'agissait en effet d'une transmission à titre particulier, onéreuse ou gratuite, la possession de l'ayant cause aurait un caractère propre. Si par
exemple une personne vend une chose à une autre et ne
livre pas, puis vend ensuite cette même chose à une
troisième et livre, nous savons par l'article 1141 que
cette dernière demeure propriétaire, si elle est de bonne
foi, c'est une application, nous l'avons dit, de l'article 2279. C'est qu'en effet la précarité a disparu, l'obligation personnelle ne pèse pas sur cet acquéreur particulier, et on ne trouve plus aucun des motifs qui peuvent
faire obstacle au principe de notre article.

Mais s'il s'agit d'une transmission à titre universel,
l'intérêt que nous avons signalé peut se présenter. La
possession reste en effet entre les mains du successeur
avec les caractères qu'elle avait chez l'auteur de celui-
ci. Or si on n'admet pas que le vendeur est détenteur
précaire, c'est-à-dire qu'il possède pour le compte de
l'acheteur, et si d'autre part, ce successeur étant sup-
posé de bonne foi, le vendeur était libéré par la pres-

---

(1) *Sic* : Van Bemmelen, *op. cit.*, p. 419.

cription de son obligation personnelle, il faudra décider qu'il opposera avec succès à la revendication de l'acheteur la règle « en fait de meubles possession vaut titre ». Il en sera tout autrement dans la théorie que nous avons soutenue, la précarité étant un vice indélébile, et l'article 2237 interdisant la prescription aux héritiers des détenteurs précaires.

De tous ces développements, il résulte que l'article 2279 ne s'applique pas en principe dans les rapports d'ayant cause à auteur, c'est-à-dire qu'un ayant cause ne peut pas opposer à son auteur la maxime de notre article, et faire échouer ainsi la revendication que celui-ci pourrait intenter. Mais il est nécessaire de préciser cette règle et de bien la délimiter. Si en effet nous avons soutenu que celui qui détient une chose ne pouvait pas invoquer l'article 2279 contre la personne dont il la tient, c'est parce que ce possesseur est tenu d'une obligation personnelle, ou est détenteur précaire, ou est de mauvaise foi, et que sa possession ne revêt pas les caractères nécessaires pour l'application de notre règle. Mais toutes les fois que ces motifs ne se rencontreront pas, c'est-à-dire toutes les fois qu'aucun lien ne subsistera entre ayant cause et auteur, parce que le *tradens* aura fait un abandon complet de ses droits, sans aucune obligation à la charge de l'*accipiens*, ce dernier deviendra en réalité, au point de vue qui nous occupe, un tiers présumé de bonne foi, protégé par l'article 2279. S'il en était autrement, les transactions mobilières n'auraient plus de stabilité ; les acquéreurs de bonne foi doivent être protégés, il faut tarir les procès, assurer la propriété mobilière ; mais ces motifs de notre règle ont aussi bien lieu d'être invoqués quand le possesseur a été saisi par le *verus dominus* que dans le cas inverse. Le texte au surplus ne fait aucune distinction. Ce qu'il est nécessaire de vérifier, ce sont les caractères de la possession du défendeur ; s'il exerce cette possession à un titre propre au sens que nous avons donné à ce mot, il doit pouvoir se retrancher derrière la règle : « En fait de meubles possession vaut titre » à l'égard de tout le monde, aussi bien à l'égard de son auteur *verus dominus* que d'un tiers quelconque propriétaire.

Il en sera ainsi par exemple si un vendeur, après avoir livré, fausse sa parole et veut reprendre le meuble vendu des mains de son acquéreur direct. L'article 2279 lui serait victorieusement opposé. Il en sera de même, et c'est là une hypothèse pratique, au cas de don manuel, quand le donataire prétendra avoir reçu le meuble à titre de don du demandeur lui-même ou de son auteur. Sans doute, on pourra arriver ainsi à consacrer des fraudes, on pourra mettre les voleurs en pleine sécurité, et, suivant les expressions de M. Labbé (1), « la jurisprudence qui admet la validité des dons manuels serait moins dangereuse si elle exigeait du possesseur se prétendant donataire la preuve qu'il tient la chose ou le titre en vertu d'une livraison volontaire et libérale

---

(1) *Revue critique de législat.*, 1884, p. 650.

u propriétaire », mais ce sont là des considérations
l'ordre législatif qui ne sauraient prévaloir contre le
droit positif.

Notre solution sur l'effet de la détention précaire nous
ermet également de résoudre une question qui a été
iscutée mais qui paraît aujourd'hui à peu près incon-
estée dans la majorité des auteurs et dans la jurispru-
ence.

Le créancier gagiste qui a reçu de son débiteur comme
:age une chose qui n'appartient pas à ce dernier, peut-
l opposer la maxime « en fait de meubles possession
vaut titre » au véritable propriétaire qui intente contre
ui l'action en revendication ? On a dit pour la négative
(ue le gagiste n'était qu'un détenteur précaire (1), or
:'est là une conception inexacte ; le créancier gagiste
:st bien, à la vérité, détenteur précaire dans ses rap-
)orts avec le débiteur, mais à l'égard du propriétaire
l possède *animo domino*, puisque son titre même impli-
(ue la contradiction du droit de ce dernier. Il a sur la
:hose un droit réel, qu'il possède, qu'il exerce comme
ui appartenant en propre. L'article 2279 doit donc le
protéger, d'autant mieux que les motifs de cet article
s'appliquent à lui comme à l'acquéreur *a non domino* :
le gagiste ne peut pas plus que l'acquéreur vérifier le
droit de celui qui lui remet la chose en gage, et en écar-
tant ici l'application de l'article 2279, on porterait au
crédit une atteinte considérable en restreignant dans

(1) Cf. Van Bemmelen, *op. cit.*, p. 423.

une large mesure les prêts sur titres au porteur. Nous croyons donc que le créancier gagiste peut opposer l'article 2279 au propriétaire véritable de la chose donnée en gage (1). Mais il n'est pas nécessaire suivant nous, quoique la jurisprudence l'ait exigé (2), que le nantissement soit régulièrement établi conformément aux articles 2074 et 2075. L'absence ou la présence de ces formes n'a aucune influence sur la question de savoir s'il y a ou non *animus domini*, et le propriétaire ne saurait se prévaloir d'une nullité établie dans l'intérêt des créanciers et du débiteur gagiste (3).

En résumé, peuvent invoquer la maxime de l'article 2279 et acquérir ainsi la propriété, les possesseurs de bonne foi, pourvu qu'ils soient en possession réelle et qu'ils exercent cette possession *jure proprio*, c'est-à-dire ne soient ni détenteurs précaires, ni liés au demandeur par une obligation personnelle de livrer ou de restituer. La propriété n'est au contraire acquise que par la prescription trentenaire au possesseur de mauvaise foi ; et l'acquisition n'en est jamais possible pour les détenteurs précaires.

La jurisprudence arrive sur tous ces points aux mêmes solutions, mais par un raisonnement qui nous

---

(1) Cf. Aubry et Rau, II, § 183, p. 118 ; Laurent, XXXII, n. 575. V. également Cass., 28 mars 1888, D. 88. 1. 253 ; Cass., 2 mars 1892, D. 93. 1. 198 ; Douai, 20 juin 1892, S. 92. 2. 161 et note de M. Lyon-Caen.

(2) Cf. arrêts cités à la note précédente.

(3) *Sic* : Wahl, *Titres au porteur*, n° 1530, p. 318, n. 5 ; Baudry-Lacantinerie et Tissier, p. 543, n° 870.

araît inexact. Les arrêts ne disent pas qu'il n'y a pas en
es hypothèses une possession valant titre, mais ils di-
ent, appliquant la théorie qui voit dans notre règle une
résomption *juris tantum* de propriété, que, en faisant
. preuve de précarité ou de l'obligation personnelle de
estituer à la charge du possesseur, le demandeur fait
a preuve contraire de la présomption légale ; ils ne
osent pas comme nous en principe que l'existence de
a précarité ou de l'obligation personnelle fait qu'on se
ouve en dehors du domaine de l'article 2279, ils sou-
ennent que l'on est bien dans l'hypothèse du texte,
u'il y a présomption *juris tantum*, mais que la preuve
ontraire est administrée. La jurisprudence en somme
e fait guère que réserver ainsi le cas où, pour la plu-
art des auteurs, l'article 2279 est inapplicable. Les
ésultats sont les mêmes, mais le moyen donné par la
urisprudence repose sur la confusion de deux ques-
ions absolument distinctes : celle du caractère de la
ègle de l'article 2279 et celle de la portée de ce texte,
elle de savoir les actions auxquelles il s'applique. La
urisprudence dit par exemple que le revendiquant,
gissant contre un détenteur précaire et démontrant la
récarité, fait la preuve contraire de la présomption
égale ; nous disons, nous, que le revendiquant doit
rouver la précarité pour démontrer que l'on est en
lehors du domaine de l'article 2279 (1).

C'est dans une matière dont nous avons déjà parlé

(1) Cf. les arrêts précités.

plus haut, celle des dons manuels, que ces principes ont reçu les applications les plus fréquentes. Nous avons établi que le donataire manuel pouvait opposer la maxime de l'article 2279 à son auteur et à ses héritiers. Le demandeur a administré contre le possesseur la preuve d'un droit antérieur de propriété appartenant soit à son auteur, soit à lui, il a par exemple démontré que des titres au porteur possédés par le défendeur appartenaient à son auteur avant son décès, et il allègue, sans le prouver du reste, que le possesseur s'est frauduleusement emparé de ces valeurs, ou est tenu, en vertu d'un contrat, à les restituer. Le défendeur peut, avons-nous dit, se retrancher derrière sa possession, il n'a pas besoin de prouver le don manuel à lui fait, il invoque simplement l'article 2279.

Cette solution, excellente quand elle profite à de vrais donataires, pourrait devenir dangereuse aux mains de personnes qui, en réalité, n'ont reçu aucun don, et qui sont justement actionnées par le propriétaire. Mais l'article 2279 ne saurait devenir la sauvegarde de n'importe quel possesseur, et le don manuel, un prétexte pour déguiser l'abus de confiance, l'escroquerie et le vol. S'il ne suffit pas au demandeur pour triompher de prouver ses droits antérieurs ou ceux de son auteur sur le meuble litigieux, il peut réussir en s'attaquant au titre même qu'on lui oppose, c'est-à-dire à la possession. Il lui est permis de prouver que cette possession n'a pas la signification qu'on veut lui attribuer, dès

ors l'article 2279 fait défaut au prétendu donataire, il
n'a plus la possession requise pour être protégé par ce
exte, et il doit établir l'existence d'un titre régulier
l'acquisition.

La jurisprudence, nettement fixée en ce sens (1), rat-
ache souvent ces solutions au fondement juridique
qu'elle attribue à l'article 2279. D'après elle en effet,
nous l'avons dit, l'article 2279 crée au profit du possesseur une présomption *juris tantum*, et le demandeur
ferait ici la preuve contraire de cette présomption légale. Nous disons que l'on prouve ainsi que l'on est en
dehors de l'article 2279, qui ne protège qu'une possession revêtue de certains caractères. Quelques arrêts
paraissent du reste en ce sens : « La règle « en fait
de meubles possession vaut titre », dit un arrêt de
Nancy du 20 novembre 1869 (2), « ne régit pas les rapports du possesseur avec celui qui, s'attaquant à la
cause même de la possession, soutient que ce détenteur
est tenu de restituer une chose dont il l'a dépouillé par
un délit ou un quasi-délit. L'article 2279 suppose en
outre une possession civile, *animo domini*, et non pas
une possession équivoque ou suspecte, dont le caractère précaire résulte de faits déjà certains ou formelle-
ment articulés. » L'article 2279 est en réalité étranger

(1) Cass., 15 novembre 1881, D. 82.1.67 ; 22 décembre 1891, D. 92.
.510 ; 12 août 1891, D. 92.1.623 ; 5 décembre 1893, D. 94.1.48 ;
8 décembre 1894, *Gaz. du Palais* du 2 janvier 1895.
(2) S. 70.2.111.

au procès, sans application à la cause (1). Quoi qu'il en soit, la solution est certaine.

Pour écarter l'application de l'article 2279, le demandeur peut alléguer le caractère soit précaire, soit délictueux, soit équivoque de la possession du défendeur. Par exemple, la possession sera précaire lorsqu'il est établi que entre le *de cujus* et le prétendu donataire, il y a un contrat obligeant à restitution, dépôt ou prêt. En ce cas, la preuve de la précarité se confondant avec celle du contrat d'où elle résulte, il faut s'en rapporter aux modes de preuve de droit commun pour les contrats. Par suite, le demandeur doit, au-dessus de 150 francs, fournir une preuve écrite à moins qu'il n'y ait commencement de preuve par écrit, sauf bien entendu les cas d'aveu ou de serment. Le commencement de preuve par écrit peut résulter par exemple d'un interrogatoire sur faits et articles, si les réponses, par les contradictions qu'elles présentent, rendent vraisemblable l'allégation du demandeur (2).

Quand, au contraire, le demandeur allègue le caractère délictueux de la possession, prétend par exemple qu'elle a été acquise par vol, abus de confiance, escroquerie, tous les genres de preuve sont admis par application de l'article 1348 du Code civil.

---

(1) V. également Besançon, 21 avril 1865 et Cass., 24 avril 1866, S. 66.1.189 ; Paris, 19 juillet 1875, S. 76.2.3 ; 9 août 1875, D. 77.8.56; Amiens, 28 juillet 1879, S. 80.2.207 ; Toulouse, 18 mai 1881, S. 82.1.214.

(2) V. notamment Nancy, 8 juillet 1893 et Dijon, 11 août 1893, S. 94.2.95.

Mais la plupart du temps, on se contente d'établir
que la possession du défendeur est équivoque. Souvent
en effet, celui qui détient un objet à la restitution duquel il est obligé par un contrat, ou qu'il a soustrait,
prend soin de faire disparaître toute trace du contrat, ou
du vol. Le demandeur n'a plus alors qu'une seule res-
source : examiner les circonstances qui ont entouré l'o-
rigine de la possession pour faire ressortir le caractère
ambigu et équivoque de celle-ci. A cet égard, les aveux
du défendeur sont de grande utilité, mais en dehors
d'eux, comme il s'agit non pas de l'existence d'un acte
juridique déterminé, mais d'un ensemble de faits, la
preuve testimoniale et les simples présomptions pourront suffire. Les juges du fond apprécieront souverainement ces faits, telles circonstances qui en un cas donné
pourront imprimer à la possession un caractère équivoque, n'auront pas cet effet en d'autres cas (1).

Nous ne saurions entrer sur ce point dans l'examen
détaillé de la jurisprudence, notre travail ayant un caractère très général. La seule tâche des magistrats se
borne, nous l'avons dit, à l'appréciation des faits que
l'héritier demandeur peut invoquer pour prouver que
la possession du prétendu donataire ne réunit pas tous
les éléments requis pour constituer un titre d'acquisition.
Le donataire se borne en effet à alléguer sa possession,

---

(1) Cf. sur tous ces points : Bressolles, *Dons manuels*, nᵒˢ 259 et *sq.* ;
Colin, *Dons manuels*, p. 85 et *sq.* ; Baudry-Lacantinerie et Colin,
Donations, nᵒˢ 1196 et *sq.* ; v. spécialement sur le pouvoir souverain
des juges du fond : Cass., 18 décembre 1894, S. 95.1.136.

sans justifier que son titre de propriété soit la donation intervenue, et tout se ramène à l'application de l'article 2279. Pourtant il est, croyons-nous, utile d'indiquer les circonstances principales prises en considération par les arrêts pour qualifier la possession d'équivoque. Il est bien difficile, à notre avis, de faire entrer dans un classement précis toutes les espèces, très nombreuses, sur lesquelles la jurisprudence a eu à statuer, et si l'on peut essayer de la ramener à quelques idées générales, il est nécessaire d'observer que, en pratique, dans un arrêt déterminé, se rencontrent des circonstances d'ordres très divers que pour les besoins de l'exposition on est obligé de classer dans des catégories différentes.

Quoi qu'il en soit, nous croyons qu'on peut les ramener à trois ordres de faits principaux.

Le premier se réfère aux relations qui, avant le décès, liaient le prétendu donateur avec le détenteur actuel des meubles. La plupart du temps il s'agit de personnes qui ont une même habitation. La communauté d'habitation est, on l'a dit (1), le danger et la sauvegarde des héritiers du donateur, d'une part elle facilite les soustractions, d'autre part elle rend difficile aux détenteurs la preuve d'une possession propre, distincte de celle du défunt. Mais la cohabitation peut revêtir dans chaque cas particulier des caractères variables, elle ne saurait par suite avoir toujours les mêmes conséquences,

_____

(1) Note au Dalloz, 75.2.113.

et c'est ainsi que s'expliquent les prétendues contradictions que l'on rencontre dans la jurisprudence.

En principe, la concubine, le domestique, n'ont pas
une possession suffisante pour être protégés par l'article 2279. Ils ne peuvent pas en effet soutenir qu'ils
possédaient pour leur compte personnel les meubles du
défunt : leur possession a tout au moins un caractère
équivoque. Il en est ainsi surtout quand il est établi que
la concubine ou le domestique avaient la libre disposition des clefs, y compris celle du coffre-fort où les titres
étaient enfermés (1), et cela même si les valeurs étaient
déposées dans une chambre et dans une armoire plus
spécialement au service du prétendu donataire, s'il s'agit
par exemple d'une concubine ayant vécu avec le défunt
pendant de longues années, et qui avait la clef de tous
les meubles, et la libre manutention de tout ce qui y
était contenu (2). Le fait d'avoir eu la détention des
clefs rend donc certainement équivoque la possession,
et fait présumer une soustraction commise par le prétendu donataire. Il en serait de même de la communauté d'habitation entre les époux (3), la possession de
la veuve pouvant être expliquée aussi bien par la qua-

---

(1) Besançon, 24 juin 1865, D. 66.1.347 ; Cass., 24 avril 1865, D.
66.1.347 ; Pau, 12 janvier 1874, D. 75.2.114 ; Paris, 9 août 1875, D.
77.2.56 ; Toulouse, 12 mai 1881, D. 82.1.433 ; Paris, 27 août 1881, S.
81.2.256 ; Dalloz, Supplément, v° Prescription, n° 139, n. 1 ; Pau, 1er avril
1890, D. 91.2.232. V. également Cass., 18 décembre 1894, précité.

(2) Aix, 19 février 1883, Rev. not., n° 6730.

(3) Trib. de Florac, 29 juin 1849, S. 49.2.434 ; Toulouse, 10 mai
1881 et Cass., 13 mai 1882, S. 82.1.214.

lité de communiste lorsqu'il y avait communauté de
biens entre elle et le défunt, ou celle de tutrice légale ou
d'usufruitière lorsqu'il y a des enfants mineurs, que par
celle de donataire. Signalons enfin le caractère équivoque de la possession d'un aubergiste qui détiendrait des
valeurs appartenant à un voyageur et qui prétendrait
les avoir reçues à titre de don manuel. Il est vraisemblable qu'en réalité l'aubergiste était dépositaire et que
c'est par abus de confiance qu'il s'est approprié les
meubles ainsi remis.

La communauté d'habitation peut cependant ne pas
avoir les conséquences que nous venons d'indiquer si
par exemple le défunt avait donné à un prétendu donataire l'hospitalité sous son toit, alors qu'il était uni à
lui par des liens de parenté et d'affection. D'autre part,
les conséquences que nous avons attribuées à cette circonstance peuvent être modifiées et détruites par des
actes du défunt lui-même qui forment la seconde catégorie de faits.

Mais avant d'aborder ce point, indiquons que d'autres relations, purement juridiques celles-là, peuvent
avoir uni le défunt et la personne qui se prétend grati-
fiée et rendre également équivoque la possession de
cette dernière. Il s'agit par exemple du tuteur du défunt
qui avait par suite de sa qualité mainmise sur tous les
biens de celui-ci. Ou bien le défendeur a été mandataire
du propriétaire de titres au porteur et a touché les coupons, il se prétend aujourd'hui donataire. Mais évi-

demment en ce dernier cas, il faudrait que la qualité du
mandataire fût bien établie. Il en serait autrement si un
individu avait reçu mandat de réaliser la fortune d'une
personne, et si après avoir rendu compte il avait touché les coupons, ce ne pouvait être en effet qu'à titre
de propriétaire (1).

En résumé, il est nécessaire de distinguer si le possesseur, lié par une communauté d'habitation, était ou
non parent du *de cujus*, s'il avait ou non la disposition
des clefs et la possibilité de manier librement tout ce
qui était contenu dans les meubles, et si quand il était
lié par un contrat au défunt, c'était en vertu de ce contrat ou en une autre qualité qu'il agissait pendant la
vie de celui-ci.

Nous arrivons ainsi à la seconde catégorie de faits
pouvant infirmer la vraisemblance des allégations du
défendeur, et qui est empruntée aux actes du défunt
lui-même. Ainsi ce dernier avait une affection particu-
lière pour ses héritiers, et il n'a pu avoir l'intention de
leur enlever une partie de sa succession (2). Ou bien de
nombreuses libéralités avaient déjà été faites au prétendu
donataire, il en restait des traces sur les registres du défunt, et il n'y a aucune mention du don manuel allégué.
Ou enfin, et c'est là une circonstance très fréquemment
invoquée, il est certain que jusqu'à sa mort le défunt
avait lui-même encaissé les coupons et arrérages pro-

(1) Nancy, 8 juillet 1893, S. 94.2.95.
(2) Paris, 25 mars 1876, D. 77.2.9.

venant des valeurs au porteur litigieuses. Il en résulte
soit que la possession du donataire provient d'un détournement, soit qu'elle n'est que postérieure au décès
du donateur, et par suite impuissante à parfaire ce
don manuel (1).

Enfin, le troisième ordre de faits se rattache à l'atti-
tude du détenteur après la mort du prétendu donateur.
On a pu le voir emporter furtivement un paquet de la
maison du défunt (2). Ou bien, au moment du décès, il
a gardé le silence, il a dissimulé l'existence des titres par
des dénégations lors de l'inventaire, ou d'un interrogatoire sur faits et articles, et allègue ensuite l'existence
d'un don manuel, peut-être après une plainte en détournement déposée par les héritiers (3). Ou bien, la concubine du *de cujus* prétendait avoir reçu du défunt, en
rémunération de ses soins, des titres au porteur, et elle a
démenti le caractère rémunératoire de la donation en réclamant un salaire (4). Enfin l'encaissement des coupons
échus postérieurement au décès du donateur peut être
d'un grand secours pour caractériser la possession. Le
détenteur les a-t-il régulièrement touchés ? Il agit ainsi
comme un propriétaire, et montre par là qu'il a confiance dans son titre. Cherche-t-il au contraire à les faire
toucher par un tiers, demande-t-il par l'intermédiaire

(1) Toulouse, 10 mai 1881, précité.
(2) Paris, 27 août 1881, S. 82.1.214.
(3) Amiens, 28 juillet 1879, S. 80.2.207 ; Dijon, 11 juillet 1893, S.
94.2.95.
(4) Cass., 5 avril 1890, S. 91.1.342.

d'un tiers la mainlevée de l'opposition pratiquée par les héritiers, il agit plutôt comme un voleur que comme un propriétaire sûr de son droit, il n'a pas la possession requise par l'article 2279 (1).

Ce ne sont là du reste que de simples exemples. Nous avons voulu seulement essayer de montrer les tendances de la jurisprudence, et d'indiquer par quelques distinctions les catégories de faits les plus souvent invoqués dans la pratique pour caractériser la possession équivoque. Mais toutes ces difficultés de fait permettent de faire regretter l'absence d'une réglementation spéciale du don manuel, car on arrive malgré tout, par le jeu des principes de l'article 2279, à couvrir dans certaines hypothèses de véritables détournements et à protéger les voleurs au préjudice des héritiers.

Ayant ainsi déterminé les conditions de l'article 2279 quant aux choses auxquelles il s'applique : choses mobilières corporelles prises individuellement et créances constatées par des titres au porteur, et quant aux caractères que doit revêtir la possession, qui pour nous se réduisent à la possession de bonne foi *animo domini*, c'est-à-dire non précaire et non équivoque, nous arrivons aux effets de notre règle.

§ III. — Des effets de la règle « en fait de meubles, possession vaut titre ».

Les développements que nous avons donnés dans le

(1) Paris, 25 mars 1876, D. 77.2.9.

paragraphe précédent au sujet de la précarité de la possession, nous permettront d'être bref sur les effets de notre règle.

La maxime « en fait de meubles, possession vaut titre », quel que soit le fondement juridique qu'on lui attribue, mais surtout si on y voit une cause légale d'acquisition de la propriété, entraîne au profit du possesseur qui se trouve dans les conditions requises, une propriété complète, franche de toutes charges réelles. Devant cette propriété échoueront donc non seulement l'action en revendication, mais aussi l'action confessoire d'un prétendu usufruitier, ce qui est le domaine propre de notre règle ; mais aussi celle que voudrait intenter un créancier privilégié, et celle d'un créancier hypothécaire qui voudrait suivre entre les mains des tiers des immeubles par destination après leur séparation du fonds, ce qui est son application aux créanciers munis de droits réels accessoires. D'une façon générale, le possesseur triomphera donc contre les actions réelles. Mais l'article 2279 ayant pour but de faire acquérir la propriété, et par voie de conséquence, d'exclure la revendication, peu importent pour le possesseur les vices du titre de l'aliénateur, il a un titre parfait, sa possession, il acquiert la propriété et les actions en nullité ou restitution fondées sur ces vices ne sauraient réagir contre lui (1). De plus, comme la posses-

(1) Cf. Aubry et Rau, II, § 183, p. 117. — Laurent, XXXII, n° 576.

sion fait acquérir la propriété, il est bien certain que le possesseur étant devenu propriétaire, les actions possessoires sont exclues en matière de meubles. Cela résulte très nettement du passage de l'exposé des motifs de Bigot-Préameneu que nous avons cité, et nous semble consacré implicitement par l'article 3 du Code de procédure qui exige que l'action possessoire soit portée devant le juge de la situation de l'objet litigieux, et qui ne saurait par suite s'appliquer aux meubles qui n'ont pas d'assiette fixe. Il semblerait résulter de la portée même que nous avons donnée à l'article 2279 que pour les universalités mobilières l'action possessoire serait possible, puisqu'on ne peut pas dire qu'en ce qui les concerne, l'article 2279 confonde le possessoire et le pétitoire, elles sont en dehors de cet article. La question est pourtant très controversée, et même généralement résolue en sens contraire par argument de l'article 3 et de l'esprit général du Code. Nous signalons seulement la difficulté qui nous semble quant à nous résolue par la considération que nous avons indiquée (1).

Mais c'est là tout le domaine de notre règle : d'une part, elle laisse de côté tous les cas où la propriété est acquise en vertu d'un autre titre que la possession, où par conséquent l'action en revendication sera possible, sauf application de la prescription de 30 ans en vertu du principe général de l'article 2262 ; d'autre part, elle

(1) V. Poincaré, *op. cit.*, p. 165 et autorités citées.

est complètement étrangère aux actions personnelles dirigées contre le possesseur, par exemple aux actions en restitution fondées soit sur un contrat (dépôt, prêt), soit sur un quasi-contrat (paiement indû), soit sur un délit (vol) ; ou aux actions en nullité intentées contre un acquéreur.

Signalons en terminant une application très pratique de la distinction que nous venons d'établir en ce qui touche l'aliénation des meubles dotaux. L'acquéreur ne peut pas échapper à l'action en nullité sanctionnant l'inaliénabilité, il pourrait échapper au contraire à l'action en revendication, sa possession lui confère un titre, et le mari n'est pas, tout au moins d'après la jurisprudence, un incapable, puisqu'elle fait rentrer dans ses pouvoirs d'administration le mobilier corporel, même s'il ne consiste pas en choses fongibles et s'il n'a pas été estimé dans le contrat de mariage. Mais quand y aura-t-il action en nullité, quand y aura-t-il revendication ? C'est là une question dans le détail de laquelle nous ne saurions entrer, car elle nécessiterait l'étude du principe de l'inaliénabilité de la dot mobilière et de son étendue, ce qui sort absolument du cadre de notre étude (1).

SECTION II. — **Des exceptions au principe.**

Ces exceptions doivent être, nous l'avons indiqué au début de notre seconde partie, examinées soit en ce qui

(1) V. Guillouard, *Contrat de mariage*, IV, nos 2060 et 2063.

concerne le propriétaire, soit en ce qui concerne le
créancier muni d'un privilège spécial sur les meubles.
Nous étudierons successivement ces deux catégories
d'exceptions, c'est-à-dire les cas où la revendication est
permise contre un possesseur mobilier et les cas où il
existe un droit de suite au profit du créancier privilégié
sur certains meubles. Cela fera l'objet d'un premier paragraphe.

En principe par cette revendication, le possesseur est
dépouillé purement et simplement et la loi n'exige pas
le remboursement du prix qu'a pu donner le possesseur
actuel de la chose ; mais il en est autrement dans certains cas : c'est là un tempérament à l'admission de la
revendication en matière mobilière, dont l'examen fera
l'objet d'un second paragraphe.

§ I. — Étude des exceptions.

1° *Cas où la revendication est possible en matière
mobilière contre un possesseur.*

Ces cas sont déterminés soit par le Code civil, soit
par des lois postérieures au Code civil.

A. — Code civil.

Aux termes de l'article 2279 alinéa 2 du Code civil,
celui qui a perdu ou auquel il a été volé une chose peut
la revendiquer pendant trois ans à compter du jour de la
perte ou du vol, contre celui dans les mains duquel il

la trouve, sauf à celui-ci son recours contre celui duquel il la tient. Il y a bien ici, et cela résulte du mot « néanmoins » par lequel débute l'alinéa, une exception à la règle ; la possession ici ne fait pas acquérir la propriété. C'est donc une interprétation restrictive que doit recevoir notre disposition.

Or l'exception n'est établie que pour le cas de perte ou de vol, elle ne peut donc pas être étendue en dehors de ces deux hypothèses ; mais que faut-il entendre exactement par les expressions : perte, vol, employées par la loi.

La perte peut être le résultat soit d'un cas de force majeure comme une inondation, soit de la négligence du propriétaire. Il faudrait aussi considérer comme perdues les choses qui se sont égarées par suite d'un envoi à une fausse adresse (1). Le critérium exact nous paraît être celui que donnent MM. Aubry et Rau, qui entendent par choses perdues : « les objets égarés par suite d'une négligence directement ou indirectement imputable à celui qui les possédait (2) ».

La détermination du sens du mot vol a donné lieu, tout au moins autrefois, à des difficultés plus grandes. Le vol consistant d'après l'article 379 du Code pénal dans la soustraction frauduleuse de la chose d'autrui. Toutes les fois qu'il y aura vol, peu imp orte que pour

---

(1) Cf. Aubry et Rau, II, § 183, p. 109 ; *Contrà*, Van Bemmelen, *op. cit.*, p. 398.
(2) Aubry et Rau, *loc. cit.*

des raisons personnelles à l'auteur de l'infraction, par exemple à cause de son âge, de ses liens de parenté avec la victime, le fait ne soit pas puni par la loi pénale ; il y a vol et cela est suffisant (1).

Mais faut-il étendre la disposition de l'article 2279 alinéa 2 à des infractions qui présentent avec le vol une certaine analogie : nous voulons parler de l'abus de confiance, de la violation de dépôt, de l'escroquerie. Nous ne le pensons pas puisque ces délits ne rentrent pas dans la définition précise de l'article 379, et que l'interprétation restrictive s'impose. Il y a au surplus entre ces délits et le vol une différence capitale : le propriétaire volé est dessaisi malgré lui, au contraire dans les autres cas le propriétaire suit la foi de celui à qui il a remis la chose. Il peut le faire très volontairement au cas de dépôt, au cas d'abus de confiance ; il peut le faire sous l'influence de certaines manœuvres déterminées par l'article 405 du Code pénal au cas d'escroquerie ; mais il y aura toujours de sa part une imprudence qui rend sa situation beaucoup moins intéressante que celle du propriétaire volé.

On a cependant essayé de soutenir en ce qui touche l'abus de confiance et la violation de dépôt que la distinction entre ces délits et le vol n'existait pas en 1804, et ne datait que du Code pénal, que, à cette époque, l'escroquerie était confondue avec le vol, et que par

(1) Cf. Aubry et Rau, II, § 103, p. 111 ; Laurent, XXXII, n° 581, texte et note 10 ; V. cependant Paris, 23 mars 1872, D. 73. 2. 17.

suite les rédacteurs du Code auraient employé le mot vol à l'article 2279, alinéa 2, dans le sens large du *furtum* romain. Ces objections ne sont pas fondées. D'une part, Bourjon faisait déjà la distinction entre le vol et l'abus de confiance, puis l'article 1141 du Code civil est bien un cas d'abus de confiance où la revendication est refusée. Enfin, ce n'est que très lentement et avec la plus extrême réserve que le législateur a basé sur la violation de certains contrats une poursuite correctionnelle, il serait étonnant qu'il n'eût pas manifesté cette réserve en laissant en dehors de l'article 2279 le cas d'abus de confiance. D'autre part, en ce qui touche l'escroquerie, elle était déjà prévue par les lois des 19 et 22 juillet 1791 (1).

Le domaine de l'article 2279, alinéa 2, se trouve ainsi nettement déterminé quant aux choses auxquelles il s'applique ; il doit s'agir de choses perdues ou volées au sens que nous venons de préciser. Examinons maintenant par qui, contre qui et dans quel délai peut être

---

(1) Cf. en ce qui touche l'abus de confiance, Aubry et Rau, II, § 183, p. 110, texte et notes 8 et 9 ; Laurent, XXXII, n° 594 ; Colmet de Santerre, VIII, n° 387 *bis*, XV ; Baudry-Lacantinerie et Tissier, n° 898, p. 559 ; Poincaré, *op. cit.*, p. 178 et *sq.* ; Van Bemmelen, *op. cit.*, p. 411. — Cpr. Paris, 29 mars 1856, D. 56.2.228 ; Cass., 22 juin 1858, D. 58.1.238 ; Cass., 17 août 1859, D. 59.1.347 ; Cass , 23 décembre 1863, D. 65.1.80 ; Rouen, 12 mars 1873, D. 73.2.188 ; Cass., 16 juillet 1884, D. 85.1.232 ; Cass., 6 juillet 1886, D. 87.1.25 ; Amiens, 2 juin 1887, D. 88.2.94 ; Cass., 25 mars 1891, D. 92.1.301 ; Cass., 2 mars 1892, D. 93.1.198 ; Douai, 20 juin 1892, D. 92.2.375. — Pour l'escroquerie, tous les auteurs précités. Cf. également Paris, 9 janvier 1862, D. 62.5.247. *Contra* : Bordeaux, 3 janvier 1859, D. 59. 2.164.

ntentée cette revendication et quelles sont en principe es conséquences.

L'action en revendication de l'article 2279, alinéa 2, est ouverte à l'individu qui était en possession au moment de la perte ou du vol. Il ne lui est pas nécessaire de prouver qu'il était à ce moment propriétaire ; il lui suffit de démontrer l'existence de sa possession et il pourra e faire par tous les moyens. Cette proposition est une conséquence directe de la maxime : « en fait de meubles possession vaut titre ». « On ne pourrait, disent MM. Aubry et Rau (1), exiger du revendiquant une autre preuve que celle de sa possession au moment de la perte ou du vol sans se mettre en opposition avec cette maxime. » C'est au surplus ce qui résulte du texte lui-même qui accorde la revendication au profit de celui qui a perdu ou auquel il a été volé une chose. Ce n'est pas à dire que le propriétaire, en vertu d'un autre mode d'acquisition que la possession, ne puisse pas revendiquer lui aussi dans les hypothèses prévues à l'alinéa 2. Tout propriétaire a le droit de revendiquer. Mais, au cas qui nous occupe, sa propriété ne reposant pas sur la possession, il devra établir l'existence de son titre.

En tous les cas, ce serait exagérer la portée de l'article 2279 que de dire avec la Cour de cassation que l'action pourrait être exercée dans l'intérêt du propriétaire par un détenteur précaire, un dépositaire par exemple, auquel on aurait soustrait les meubles déposés. La chose

(1) Aubry et Rau, t. II, § 183, p. 111, texte et note 11.

a été volée à un individu qui possède pour autrui. mais c'est en réalité celui pour lequel il possède qui est la victime du vol (1).

Notons que le revendiquant doit prouver, et il peut le faire même par témoins et par simples présomptions, la perte ou le vol dont il a été la victime (2).

Il est utile de signaler à cet égard la disposition de l'article 13 de la loi du 30 mars 1887 pour la conservation des monuments et objets d'art ayant un intérêt historique ou artistique. L'article 11 de cette loi décide que « les objets (mobiliers) classés appartenant aux départements, aux communes, aux fabriques et autres établissements publics ne pourront être restaurés, réparés ou aliénés par vente, don ou échange, qu'avec l'autorisation du ministre de l'instruction publique et des beaux-arts ». Si l'aliénation a été faite en violation de l'article 11, elle sera nulle en vertu de l'article 13, et les objets qui auraient été aliénés irrégulièrement, perdus ou volés, pourront être revendiqués conformément à l'article 2279 du Code civil. La revendication sera exercée par les propriétaires et à défaut par le ministre de l'instruction publique et des beaux-arts. Il y a là une extension considérable de l'article 2279 en ce qui touche l'aliénation irrégulière, puisqu'en général la revendication n'est permise qu'au

(1) Cass., 28 mars 1888, S. 88.1.265.
(2) Aubry et Rau, II, § 183, p. 111, texte et notes 2 et 12; Laurent, XXXII, n° 584.

cas de perte ou de vol, et qu'on l'accorde ici pour une aliénation simplement irrégulière. On a pu d'autant plus facilement admettre cette extension que, au défaut de pouvoir de ceux qui avaient consenti l'aliénation, se joignait la valeur historique ou artistique des objets mobiliers auxquels s'applique la loi de 1887.

Contre qui cette action en revendication peut-elle être intentée ? Le texte paraît absolument général et semble permettre d'exercer l'action contre celui dans les mains duquel la chose est trouvée (1). Nous avons cependant déjà indiqué, et c'est le moment de rappeler notre opinion à ce sujet, que l'article 2279, alinéa 2, ne visait que le cas du possesseur de bonne foi, à l'égard duquel la loi a cru devoir, dans l'hypothèse de vol ou de perte, faire cesser la protection qu'elle accorde en général à la possession des meubles. Mais en dehors du cas prévu par l'alinéa 2 de l'article 2279, il peut s'en rencontrer d'autres. Le propriétaire, victime de la perte ou du vol, peut se trouver non seulement en présence du possesseur de bonne foi, mais encore en face d'un possesseur de mauvaise foi, ou du voleur ou de l'inventeur de la chose. Examinons ces diverses situations.

En présence du possesseur de bonne foi, seule hypothèse prévue par l'article 2279, alinéa 2, le propriétaire devrait être (art. 2279, al. 1) complètement désarmé, mais la loi, atténuant ici ses rigueurs, a permis la reven-

(1) Cf. Cass., 5 mai 1874, S. 75.1.49, et note de Labbé, D. 74. 1.294.

dication pendant trois ans. Mais cette action disparaît
avec la possession même de la chose, et l'aliénation faite
par le possesseur entraîne la perte de la revendication
contre lui. Pourtant, s'il y avait faute ou imprudence à
la charge de ce dernier, il y aurait contre lui à notre
avis une action en dommages-intérêts fondée sur l'article 1382.

En ce qui concerne soit le possesseur de mauvaise foi,
soit le voleur ou l'inventeur, le texte ne se prononce
pas expressément, et c'est des principes généraux que
nous avons posés sur la portée et les conditions d'application de la règle « en fait de meubles possession vaut
titre » que nous devons tirer les solutions à donner. Ou
bien l'acquéreur (possesseur de mauvaise foi, voleur,
inventeur) possède ou il ne possède plus. S'il possède,
il sera soumis pendant 30 ans, nous l'avons établi plus
haut, à l'action en revendication, et en outre tenu d'une
action en dommages-intérêts fondée sur l'article 1382.
C'est le droit commun. Il faut, pour l'acquisition de la
propriété mobilière comme pour celle de la propriété
immobilière, une usucapion trentenaire. On ne saurait en
effet soutenir que l'action en revendication, action civile,
doit, lorsqu'elle est intentée contre le voleur, s'éteindre
en même temps que l'action publique ; l'article 2 du
Code d'instruction criminelle ne vise en effet que l'action en dommages-intérêts née du délit. Si au contraire l'acquéreur ne possède pas, il ne peut plus être
question d'action en revendication. Mais reste l'action

personnelle en dommages-intérêts. C'est à ce point de vue qu'il est utile de faire une distinction entre le possesseur de mauvaise foi d'une part, le voleur ou l'inventeur de l'autre (1). Tous sont tenus de réparer le préjudice par eux causé au propriétaire par une action personnelle en dommages-intérêts, mais tandis que pour le premier, cette action ne se prescrit certainement que par l'expiration du délai de 30 ans, pour les autres, la prescription est la même que celle de l'action publique, c'est-à-dire qu'elle s'accomplit par dix ans ou par trois ans, suivant qu'il s'agit d'un crime ou d'un délit (art. 637 et 638 C. inst. crim.), c'est-à-dire d'un vol qualifié ou d'un vol simple.

On a dit, il est vrai, que cette distinction aboutissait à une conséquence inacceptable : elle permet en effet de traiter le voleur beaucoup mieux qu'un possesseur quelconque de mauvaise foi contre lequel l'action personnelle existe certainement pendant trente ans. Mais l'opinion qui repousse toute différence, nous semble s'écarter singulièrement du principe de l'article 2, alinéa 3 du Code d'instruction criminelle, et nous ne croyons pas devoir l'adopter. Ajoutons cependant qu'en pratique, la distinction proposée peut être annihilée, puisqu'il suffit au demandeur, pour pouvoir agir pendant

(1) L'inventeur qui s'approprie la chose trouvée commet bien au fond une soustraction frauduleuse, et doit être traité comme le voleur lui-même, quoiqu'il soit, à notre avis, prudent d'admettre sur ce point un large pouvoir d'appréciation des Tribunaux. Cf. de Folleville, p. 233 et *sq*., n. 123 et *sq*.

trente ans, de fonder son action sur la mauvaise foi du voleur et de laisser de côté le fait délictueux.

Les auteurs (1) qui décident que le possesseur, même de mauvaise foi, est protégé par la maxime de l'article 2279, alinéa 1, partant eux aussi de l'idée que l'exception doit être de même nature que la règle et ne doit faire aucune distinction, admettent que la revendication ne pourra être intentée soit contre le voleur ou l'inventeur, soit contre les possesseurs de mauvaise foi, soit enfin contre le possesseur de bonne foi, que pendant trois ans. Après ce délai, disent-ils, la règle reprend son empire, et la seule action personnelle reste ouverte pendant trente ans, ou pendant dix ou trois ans, suivant que l'on admet ou non l'application de l'article 2 du Code d'instruction criminelle.

C'est, avons-nous dit, pendant trois ans à compter de la perte ou du vol, que la revendication est exceptionnellement admise, et cela quelle que soit la durée de la possession du détenteur actuel. Possédât-il seulement depuis un jour, il peut se retrancher derrière la règle de l'article 2279, alinéa 2, s'il s'est écoulé 3 ans depuis la perte ou le vol. Cela nous montre bien que cette fin de non-recevoir de l'article 2279, alinéa 2, n'est pas le résultat d'une prescription acquisitive, puisque la prescription acquisitive exige une possession continue pendant tout le délai requis par la loi (2).

_____

(1) V. Poincaré, *op. cit.*, p. 182 et 183 ; Van Bemmelen, *op. cit.*, p. 401 et 414.

(2) Cf. Aubry et Rau, II, § 183, p. 112 ; Colmet de Santerre,

Quelle est donc alors la nature de ce délai de trois ans ? Faut-il dire qu'il s'agit ici d'une prescription extinctive ? ou au contraire que notre article consacre une simple déchéance ? L'opinion générale à laquelle nous nous rangeons s'est formée dans ce dernier sens ; la prescription extinctive a pour base en effet une présomption de négligence qu'on ne peut pas faire intervenir ici, puisqu'on ne s'inquiète nullement de savoir si le propriétaire dépossédé a fait ou non des diligences pour reprendre sa chose (1). En réalité, la loi a retardé ici l'acquisition de la propriété par la possession ; pendant 3 ans la propriété est continuée malgré la perte de la possession, à l'expiration de ce délai le possesseur devient propriétaire : rien ne s'oppose plus à l'effet juridique ordinaire de la possession, puisque l'ancienne propriété exceptionnellement continuée a cessé d'exister, et avec elle l'action en revendication qui la sanctionnait. Au surplus, la question offre peu d'intérêt pratique, car si l'on admet avec la très grande majorité des auteurs qu'une déchéance peut être opposée même à un mineur ou à un interdit, il en serait de même ici en considérant le délai de trois ans comme une prescription extinctive, puisque l'article 2278 fait courir contre eux les courtes prescriptions.

VIII, n° 387 bis, XVI ; Baudry-Lacantinerie et Tissier, n. 891, p. 556 ; Poincaré, op. cit., p. 183. Tous ces auteurs admettent qu'il s'agit d'un délai préfix et d'une simple déchéance.
   (1) En ce sens : Laurent, XXXII, n. 583.

Cependant, il en serait autrement entre époux. L'article 2253 qui suspend entre eux la prescription ne saurait être en effet étendu à une simple déchéance. Enfin, et ce serait peut-être un dernier intérêt, mais il est également contesté, tandis que le juge doit d'office suppléer la déchéance, l'exception tirée de la prescription doit être opposée par celui qui veut s'en prévaloir.

La revendication ainsi intentée a pour effet en principe de déposséder sans aucune indemnité le possesseur même de bonne foi ; la bonne foi ne met en aucune façon à l'abri de la revendication, mais le possesseur du meuble ainsi évincé peut recourir contre son auteur en vertu de son contrat et de l'obligation de garantie. Mais bien entendu, si le possesseur actuel a par son fait, sa négligence ou sa faute laissé les choses arriver à un point tel que son auteur ne puisse plus exercer les recours qui l'auraient indemnisé, son recours deviendra irrecevable (1).

B. Lois postérieures au Code civil:

a) *Loi du* 12 *mai* 1871. — L'article 1 de cette loi déclare inaliénables jusqu'à leur retour entre les mains du propriétaire tous les biens, et notamment les meubles, de l'État, du département de la Seine, de la ville de Paris et des communes suburbaines, des établissements publics, des églises, des fabriques, des sociétés civiles, commerciales ou savantes, des corporations, des com-

(1) Cf. Cass , 5 mai 1874, précité.

munautés et des particuliers, qui auraient été soustraits, saisis, mis sous séquestre ou détenus d'une manière quelconque depuis le 18 mars 1871 par les comi-
tés de la commune de Paris ou par leurs ordres. Et
l'article 2 déclare inapplicable en ce qui les concerne
l'article 2279 du Code civil. On n'a pas voulu que les
négociations suspectes, faites à cette époque de trouble,
pussent justifier un droit de propriété : l'acheteur devait traiter avec des gens dont la moralité ou la solvabilité était hors de doute.

Les dispositions ordinaires du Code civil ne pouvaient en effet suffire en présence des spoliations com-
mises au préjudice de la ville de Paris et des particuliers. La loi de 1871 a pour but, suivant les expressions
mêmes du rapporteur, M. Bertauld, « de défendre la
propriété publique et la propriété privée contre l'a-
gression aussi odieuse que brutale, dont Paris est le
théâtre et la principale victime. » Toute application de
l'article 2279 cesse : le possesseur ne peut plus opposer
la maxime « en fait de meubles possession vaut titre »,
il ne pourra pas, même au bout de trois ans, repousser
l'action en revendication. Nous ne saurions mieux
faire que de citer le rapport de M. Bertauld : « Le
donateur et l'acheteur, dit-il, ne pourront pas se prévaloir de ce qu'il ne serait pas juridiquement démontré qu'ils ont connu la provenance de l'objet donné ou
acheté, pour repousser d'une manière absolue par
une prescription de trois ans, la revendication du pro-

priétaire, ou pour soumettre cette revendication, quand
elle serait faite avant le laps de trois ans, à la condition
qu'ils recevraient le prix par eux payé. L'action en revendication menacera les spoliateurs et leurs représen-
tants pendant une période de trente ans, que les causes
d'interruption et de suspension de droit commun pourront prolonger encore. Pourquoi en effet garantir des
négociations si peu dignes de faveur, et, à vrai dire, si
suspectes, contre les raisons d'alarme qui doivent les
décourager ? Vainement objecterait-on que le commerce
et spécialement le commerce des objets d'art souffrira de
ces suspicions et des précautions qu'elles entraîne-
ront..... L'acheteur honnête qui voudra traiter en sécurité ne traitera qu'avec des vendeurs dont la moralité
ou la solvabilité le rassurera. »

b) *Loi du 15 juin* 1872 *relative aux titres au porteur.*
— Nous n'avons pas l'intention, cela sortirait du cadre
de notre étude, de faire ici un examen complet de la loi
de 1872. Nous nous contenterons d'indiquer les principes généraux qui lui servent de base, et les dérogations qu'elle apporte aux règles que nous avons étu-
diées.

Avant 1872, le propriétaire d'un titre au porteur, dépossédé par vol ou perte, pouvait revendiquer son titre
pendant trois ans. C'était le droit commun de l'article 2279, et vis-à-vis des établissements débiteurs du
titre perdu ou volé, le propriétaire ne trouvait pas dans
le droit commun de moyens efficaces pour empêcher le

paiement aux mains du porteur du titre, pour forcer le
débiteur à retenir le titre au cas où il lui serait présenté,
ni pour arriver, au cas où le titre ne serait pas retrouvé,
à toucher lui-même les dividendes ou intérêts, et le
capital du titre. La jurisprudence avait bien cherché, à
ce second point de vue, à remédier à la situation du
propriétaire dépossédé ; ce dernier pouvait signifier
une opposition à l'établissement débiteur, opposition
dont l'effet était d'empêcher le débiteur de payer toute
somme en capital ou intérêts, tant que la prescription
(5 ans pour les coupons, 30 ans pour le capital) ne ga-
rantissait pas le débiteur contre toute action du porteur. Mais aucun duplicata du titre ne pouvait être dé-
livré au propriétaire (1).

La loi de 1872 a donné aux propriétaires de titres au
porteur émis par les départements, communes, établissements publics, ou par les sociétés (a. 16) une sécurité
plus grande sous les conditions qu'elle a déterminées.
La loi exclut de son domaine les billets de banque,
ce qui ne paraissait guère nécessaire, car ce ne sont
pas à proprement parler des titres au porteur : la différence essentielle qui les sépare de ces derniers est
que, sauf les cas où il y a cours forcé, ils sont immédiatement exigibles. D'autre part la loi est également inapplicable aux rentes sur l'État : elles sont en effet insai-
sissables, aucune opposition ne peut être faite en ce

(1) Voyez sur tous ces points : Wahl, *Titres au porteur*, n. 1257 et
sq. ; Lyon-Caen et Renault, IV, n. 626 et *sq.*

qui les concerne entre les mains des comptables du Trésor pour empêcher le paiement des arrérages. Le système de la loi de 1872 est donc incompatible avec leur nature même.

Quoi qu'il en soit, les formalités de la loi nouvelle sont : (a. 2) une notification par huissier à l'établissement débiteur d'un acte indiquant le nombre, la nature, la valeur nominale, le numéro, et s'il y a lieu la série des titres, dénonçant autant que possible : 1° l'époque et le lieu où le réclamant est devenu propriétaire, ainsi que le mode d'acquisition ; 2° l'époque et le lieu où il a reçu les derniers intérêts ou dividendes ; 3° les circonstances qui ont accompagné sa dépossession. L'opposition ainsi faite a pour effet d'emporter opposition au paiement du capital, ou des intérêts ou dividendes échus ou à échoir, de forcer l'établissement débiteur à retenir le titre (a. 10) et de permettre à l'opposant de rentrer, après certains délais déterminés par l'article 3 de la loi, dans la jouissance de son droit, par une autorisation accordée par le président du Tribunal civil du lieu du domicile. Enfin 10 ans après cette autorisation, délai pendant lequel l'opposition aura été publiée, personne ne s'étant présenté pour toucher le paiement des intérêts ou dividendes, l'opposant pourra obtenir un duplicata de son titre.

L'opposition devra être adressée avec réquisition de faire publier les numéros des titres, au syndicat des agents de change de Paris. La publication se fait dans le bulletin officiel des oppositions sur les titres au porteur, institué conformément à l'article 11 de la loi par le règlement d'administration publique du 10 avril 1873.

C'est par l'accomplissement de ces diverses formalités auxquelles il convient d'ajouter l'obligation pour les agents de change de noter sur leurs livres les numéros des titres qu'ils achètent ou qu'ils vendent, ce qui permet de suivre la trace des titres (a. 12), que l'opposant arrive à sauvegarder sa propriété. Dès que le bulletin est parvenu ou a pu parvenir dans une localité (1), toute négociation est prohibée, le titre devient intransmissible.

C'est à partir de ce moment que les effets spéciaux de la loi de 1872 sur la propriété de l'opposant se produisent, et qu'on sort du domaine de l'article 2279. Mais, et c'est ce qu'il importe surtout de signaler, avant le délai de l'article 12, le titre n'est pas intransmissible, les négociations faites restent sous l'empire du droit commun ; et il en serait de même des événements antérieurs à la loi. En ces hypothèses l'article 2279 est applicable.

Supposons donc une acquisition soumise à la loi de 1872 : mettons en présence l'opposant et le tiers détenteur, et voyons dans quelle mesure la loi de 1872 a ap-

---

(1) Il ne faut pas cependant prétendre que la loi oblige à se référer toujours au moment où le bulletin aurait pu parvenir dans la localité, sans tenir compte des obstacles de fait qui l'auraient retardé. Il faut se borner à exiger que les parties ne soient pas en faute de ne pas l'avoir reçu.

porté des exceptions aux règles de l'article 2279. En
d'autres termes, quels sont depuis la loi de 1872 et pour
les négociations qui sont régies par cette loi, les cas
d'application de l'article 2279, et les dérogations à cet
article en matière de titres au porteur ?

Deux situations sont encore régies par l'article 2279
et les règles du droit commun : ce sont celles où le tiers
détenteur est soit le voleur ou l'inventeur, soit un possesseur de mauvaise foi. En ces hypothèses, le propriétaire des titres pourra, sous la loi de 1872, comme sous
l'empire du Code civil, agir pendant trente ans contre
de telles personnes par l'action en revendication si elles
possèdent encore, ou par une action personnelle fondée
sur l'article 1382 par laquelle il réclamera la valeur ou
des dommages-intérêts.

La loi n'a innové qu'en ce qui concerne les rapports
du tiers détenteur, acquéreur de bonne foi des titres
perdus ou volés, et du propriétaire. La position de ce
dernier était en effet le plus souvent très précaire. D'une
part, son droit de revendication ne pouvait être exercé
que pendant trois ans, et encore le tiers de bonne foi
était-il protégé efficacement en ce sens qu'il n'était
obligé de restituer les titres perdus ou volés que contre
remboursement du prix d'acquisition quand il les avait
achetés à la bourse (marché public), ou d'un marchand
vendant des choses pareilles (art. 2280). D'autre part,
en dehors du cas de vol ou de perte, par exemple au
cas où le détournement provenait d'un abus de confiance

ou d'une escroquerie, l'acquéreur de bonne foi opposait victorieusement au propriétaire l'article 2279.

L'article 12 règle tout différemment la situation de ce tiers acquéreur de titres au porteur après la publication de l'opposition. La revendication n'est plus limitée au cas de perte ou de vol, le propriétaire peut revendiquer, quelle que soit la cause de la dépossession ; de plus vis-à-vis du propriétaire, toute acquisition faite dans ces conditions est sans effet ; son action dure tout le temps où le titre primitif n'aura pas été frappé de déchéance par la délivrance d'un duplicata. Il est bien certain en effet qu'en ce cas la revendication perdrait toute utilité.

Mais il peut se présenter une autre hypothèse. Le propriétaire spolié se trouve en présence d'un tiers acheteur dont l'acquisition personnelle est postérieure à la publication, mais qui a reçu les titres d'un premier acquéreur de bonne foi dont l'acquisition était antérieure à cette publication. En ce cas, le détenteur actuel va-t-il succomber dans l'action en revendication ? Ou va-t-il pouvoir invoquer la validité de l'acquisition de son auteur, réalisée avant que l'opposition ait été publiée ? En d'autres termes, lui appliquera-t-on la loi de 1872, ou au contraire le droit commun de l'article 2279 ?

Nous pensons que cette dernière opinion doit être adoptée. La loi de 1872 ne tranchant pas expressément la question, c'est aux principes généraux qu'il faut se

reporter. Or ils nous semblent en faveur du détenteur.
Voici en effet le raisonnement qu'il tient à l'opposant :
mon auteur a acquis valablement la propriété des titres,
puisque, au moment de son acquisition, l'opposition
n'était pas publiée, il a donc pu me transmettre ses
droits ; mon auteur est garant de la cession qu'il m'a
consentie, je vais le mettre en cause ; si vous perdez
contre lui, vous aurez perdu contre moi. C'est la théorie générale de la garantie et de la mise en cause des
garants. Au surplus, si cela était nécessaire, nous trou-
verions notre opinion indiquée dans le rapport sur la
loi de 1872 : « Le tiers porteur, y lit-on en effet, sera
bien entendu fondé à exercer tous les droits de son cé-
dant, et si ce dernier, tiers acquéreur lui-même, avait
acheté les titres avant la publication de l'opposition,
son cessionnaire, bien que n'ayant traité qu'à une époque où l'opposition pouvait être connue, n'en sera
pas moins recevable à combattre l'action du revendiquant au même titre que son vendeur l'aurait été lui-
même. »

2° *Du droit de suite en matière de privilèges spéciaux sur les meubles.*

Le principe général, en matière de droits réels accessoires sur les meubles, et nous ne pouvons entendre
par là que les privilèges puisque les meubles ne sont
pas susceptibles d'hypothèque, est, nous l'avons indiqué, que le droit de suite n'existe pas au profit du

créancier. Si la chose sur laquelle porte son privilège sort des mains du débiteur, le privilège n'a plus aucune utilité, puisque aucune action n'est donnée contre les tiers détenteurs. A ce principe comme à celui de l'article 2279, alinéa 1, il y a des exceptions.

La loi en consacre une expressément au profit du bailleur d'immeubles. L'article 2102, 1°, alinéa dernier, porte en effet : « Le propriétaire peut saisir les meubles qui garnissent sa maison ou sa ferme, lorsqu'ils ont été déplacés sans son consentement, et il conserve sur eux son privilège, pourvu qu'il ait fait la revendication ; savoir, lorsqu'il s'agit du mobilier qui garnissait une ferme dans le délai de quarante jours ; et dans celui de quinzaine s'il s'agit de meubles garnissant une maison. » Le privilège du bailleur se trouve donc garanti par une action réelle ouverte contre les tiers détenteurs, qui lui permet de suivre les meubles garnissant la maison louée ou la ferme entre les mains des tiers qui les détiennent. La loi a tort d'appeler cette action une revendication, puisque le bailleur n'est pas propriétaire de ces meubles.

Ce droit exorbitant a, dans notre ancien droit, été admis par la plupart des auteurs, la coutume de Paris le consacrait et les dispositions de la coutume ont été reproduites.

Nous ne pensons pas que notre texte consacre une règle tout à fait extraordinaire, telle qu'elle ne correspondrait à aucune autre dans notre droit. Nous voyons bien ici une exception à la règle que les meubles n'ont pas de suite par privilège, c'est-à-dire au fond à l'article 2279, alinéa 1, mais cette exception est tout simplement l'application à notre matière de l'article 2279, alinéa 2. Au cas de vol, nous l'avons vu, l'article 2279, alinéa 2, admet la revendication au profit du propriétaire dépossédé ; or ici, il s'agit d'objets détournés sans le consentement du bailleur, l'article le dit en propres termes ; il n'y a pas sans doute de la part du locataire ou du fermier un vol au sens de l'article 379 du Code pénal, une soustraction frauduleuse de la chose d'autrui, puisque ces objets lui appartiennent, mais on peut dire qu'il y a de sa part une sorte de vol de gage, ce qu'on appelait à Rome *furtum pignoris*, et que, étendant ici le sens du mot vol, considérant que, en tant que choses objet du gage, les meubles garnissants sont dans une certaine mesure les choses du bailleur, le législateur a appliqué simplement la théorie des meubles volés, en permettant à ce dernier de les suivre entre les mains des tiers. Cela est parfaitement d'accord avec cette condition de l'article 2102 que le bailleur n'a pas consenti au déplacement. S'il y a eu de sa part consentement exprès, ou simplement consentement tacite, par exemple s'il s'agit d'objets destinés à être vendus, il ne peut plus être question de vol de gage. L'article 2102, 1°, alinéa dernier, nous paraît donc être une application, un peu extensive il est vrai, de l'article 2279, alinéa 2 fondée sur l'idée de vol.

Mais, et c'est en cela que le droit du bailleur diffère du droit du propriétaire volé, tandis que pour ce dernier la revendication est possible pendant trois ans à dater du vol, pour lui l'action doit être intentée dans un délai assez bref à dater du jour de l'enlèvement : quinze jours, s'il s'agit de meubles garnissant une maison, quarante jours s'il s'agit du mobilier garnissant une ferme. On comprend en effet que le bailleur soit moins protégé que le propriétaire. On conçoit au surplus la différence entre le bailleur d'une maison et le bailleur d'une ferme : la surveillance que doit exercer le bailleur d'une façon générale est en effet plus difficile en ce qui concerne le mobilier de la ferme qu'en ce qui touche le mobilier garnissant une maison.

Mais il n'y a pas d'autres restrictions à apporter dans la faculté pour le bailleur d'intenter cette action. On ne saurait par exemple appliquer ici l'article 1752 du Code civil, et décider avec la jurisprudence que cette faculté cesserait si les meubles restants étaient suffisants pour garantir la créance. D'une part en effet l'article 2102 ne fait pas cette distinction, et d'autre part l'article 1752 se réfère au moment où le locataire entre en possession des lieux loués, et ne les garnit pas de meubles suffisants : l'hypothèse que nous examinons est toute différente, les meubles qui garnissent la maison ou la ferme étaient suffisants, mais certains d'entre eux ont été détournés. L'article 1752 nous paraît donc devoir être écarté et on ne saurait élever en s'appuyant sur ce texte un obstacle contre l'action du baill●

Quoi qu'il en soit, comme nous avons admis que c●
action réelle du bailleur, que ce droit de suite é●
fondé sur une idée de vol de gage, qu'il n'était en●
lité qu'une application de l'article 2279, alinéa 2, to●
les fois qu'il s'agira d'un privilège sur les meubles l●
sur une constitution de gage soit expresse soit tac●
nous devrons appliquer la même théorie, et comm●
loi ne parle nullement d'un délai plus bref, nous co●
dérerons l'action comme ouverte pendant le délai o●
naire, c'est-à-dire pendant trois ans. Par conséque●
le créancier gagiste, l'aubergiste, le voiturier, si●
pense, ce qui ne nous semble guère douteux, que le ●
vilège de ce dernier est fondé sur une constitution ta●
de gage, auront le droit, pendant trois ans, de sui●
entre les mains des tiers la chose donnée en gage, ●
effets transportés dans l'auberge, ou les objets con●
pour les transporter, dans tous les cas où, sans l●
consentement, ils ont perdu la possession. Cette ext●
sion de la théorie de l'article 2279, alinéa 2, peut par●
tre un peu hardie, mais elle nous semble command●
par les motifs mêmes qui justifient l'article 2102,
alinéa dernier. Si l'on admet que dans un cas déte●
miné, où il y a privilège basé sur une constitution tac●
de gage, le législateur a appliqué la théorie de l'ar●
cle 2279, alinéa 2, et nous croyons que cela est certai●
il faut dire que *à fortiori* cela doit être appliqué au p●
vilège du créancier gagiste, puisqu'il y a constitutio●

expresse de gage et que l'on ne voit aucune bonne raison pour distinguer entre les divers privilèges où il n'y a qu'un gage tacitement constitué.

On comprendrait cette différence si le traitement spécial du bailleur n'était qu'une mesure de bienveillance à son égard, une protection de plus à lui accordée, une règle tout à fait exorbitante qui ne trouverait aucune justification dans les principes généraux ; mais dès qu'on ne voit là qu'une application de la revendication des choses volées, la solution extensive s'impose. Cette solution s'explique facilement en ce qui touche le créancier gagiste. N'est-il pas naturel en effet de protéger plus longtemps un créancier dont le droit est fondé sur une constitution expresse de gage, que celui dont le privilège ne repose que sur un nantissement tacite ? Il est vrai que, en l'absence de texte analogue à l'article 2102, nous sommes obligé d'accorder l'action pendant trois ans à l'aubergiste et au voiturier, qui eux aussi n'ont qu'un droit fondé sur une constitution tacite de gage. La différence entre le bailleur et eux nous semble difficile à justifier, mais en somme leurs créances ne sont-elles pas modiques, ne sont-ils pas exposés plus fréquemment que le bailleur à être dépossédés des meubles qui leur servent de gage ? Quoi qu'il en soit, en l'absence de textes restrictifs comme l'article 2102, le fondement que nous avons attribué à leurs privilèges, et l'explication que nous avons donnée du droit de suite du bailleur, nous obligent à leur reconnaître ce droit

de suite pendant trois ans. Notre opinion nous apparaît
en tous cas comme logiquement et juridiquement exacte,
et elle semble devoir être admise d'autant mieux qu'elle
favorise sans violer, à notre sens, aucun principe, des
créanciers privilégiés dignes d'intérêt.

§ II. — Tempéraments apportés par la loi aux exceptions à la règle : « en fait de meubles possession vaut titre ».

Le fondement des exceptions que nous venons de passer en revue, réside, nous l'avons indiqué, dans ce fait
que le vol et la perte étant en réalité des cas fortuits qui
peuvent atteindre les hommes même les plus diligents,
aucune imprudence, aucune faute ne peut être repro-
chée à celui qui en a été victime.

Au contraire, le possesseur peut avoir acheté la chose
dans des conditions telles qu'il aurait dû concevoir des
soupçons : le vendeur avait une profession, une condition
sociale qui n'étaient nullement en rapport avec l'opération qu'il proposait ou bien il se contentait d'un prix
très peu élevé eu égard à la valeur de l'objet. L'acheteur
devait se défier, et on comprend que, entre le propriétaire et lui, la loi ait accordé la préférence au propriétaire
et qu'elle ait donné à ce dernier la revendication.

Le possesseur sera dépouillé, il le sera définitivement,
il subira la perte de la somme déboursée par lui, il y a
eu en quelque sorte entre son vendeur et lui une sorte
d'entente tacite, et il est juste de le punir de ses agisse-
ments frauduleux. Toutes ces présomptions disparais-

sent si l'acquéreur a acheté la chose dans une foire, un marché ou une vente publique, ou chez un marchand de choses pareilles. Que la revendication soit autorisée contre lui, on le comprend, mais pourquoi l'obliger à perdre le prix qu'il a payé? Il a traité parce qu'il croyait, en toute sécurité, pouvoir le faire, l'intérêt du commerce exige qu'on vienne à son secours.

Nos anciens auteurs l'avaient, pour la plupart, dans une mesure plus ou moins large, déjà compris ainsi. Nous avons signalé dans la première partie de cette étude que Beaumanoir, généralisant une disposition des *Etablissements de Saint-Louis*, avait accordé le remboursement du prix au tiers qui avait acquis la chose en foire ou marché. Pothier ne l'admet pas (1). Quant à Bourjon, nous avons vu qu'il paraissait exclure la revendication au cas d'acquisition d'un meuble volé, soit dans une vente judiciaire, soit d'un marchand ayant qualité pour le vendre, mais que, tout en permettant la revendication dans toutes autres hypothèses de vol, il imposait la restitution du prix au cas d'achat en foire ou en marché public.

Les solutions de la pratique ancienne passent dans la loi des 28 septembre-8 octobre 1792, et le Code civil, étendant quelque peu les solutions que nous venons de signaler, admet dans son article 2280 l'obligation pour le propriétaire originaire de rembourser au possesseur le prix que lui a coûté la chose volée ou perdue, s'il « l'a

(1) Cf. *Traité des cheptels*, §§ 40-51.

achetée dans une foire ou dans un marché, ou dans une
vente publique, ou d'un marchand vendant des choses
pareilles ». Le Code a donc sur ce point corrigé et
complété Bourjon en parlant d'une façon plus générale
d'achat dans une vente publique, et non plus simplement dans une vente judiciaire, en se servant de l'ex-
pression « vendeur de choses pareilles » et en imposant
dans tous les cas la restitution du prix.

Dans ces circonstances, le possesseur sera indemnisé. Le revendiquant doit lui rembourser le prix d'achat,
les frais et loyaux coûts du contrat, les impenses nécessaires, les impenses utiles jusqu'à concurrence de la plus-
value ; c'est ainsi seulement que l'acquéreur dépossédé
sera rendu complètement indemne. Quant aux intérêts
de ces diverses sommes, il ne les doit pas, puisque le
possesseur a eu la jouissance de la chose pendant le
temps qui s'est écoulé entre l'acquisition et la revendication.

Cela est certain quand le possesseur actuel a lui-
même acquis la chose dans les conditions de l'article 2280, mais le point est plus douteux quand, lui-
même ne se trouvant pas dans les circonstances requises,
son vendeur était dans le cas prévu par l'article. Il
semble que l'article 2280 soit inapplicable et que le revendiquant n'ait aucune restitution à faire. Mais le
possesseur a un moyen très simple d'arriver à forcer la
main au revendiquant. Il appelle son vendeur en garantie. Le propriétaire ne devra jamais que le plus faible

des deux prix de vente. Si le prix de la deuxième acquisition est le moins fort, le propriétaire devra ce prix au
possesseur qui sera ainsi indemnisé ; si au contraire il
est plus fort, le revendiquant ne payera que le prix de
la première acquisition au possesseur, car celui-ci agit
du chef de son auteur et ne peut par conséquent avoir
plus de droits que lui.

Ce remboursement effectué, tout n'est pas terminé,
le revendiquant a un recours non seulement contre celui
par le fait duquel il a été illégalement privé de sa chose,
ce qui est certain, mais aussi, quoique cela soit contesté,
contre celui qui avait acquis la chose du voleur ou de
l'inventeur sans être dans les conditions de l'article 2280, et qui l'avait ensuite revendue dans les conditions de cet article. En effet, ce vendeur, si la revendication s'était produite plus tôt, n'aurait pas pu réclamer
le prix par lui payé (art. 2279, al. 2). Comment pourrait-
il, en vendant la chose dans les circonstances de l'article 2280, améliorer sa situation et aggraver celle du
propriétaire dépouillé qui revendique (1) ? Il aurait, du
reste, un recours en garantie contre le vendeur originaire,
en vertu de l'article 2279, alinéa 2.

Quoi qu'il en soit, l'article 2278 se rattache à l'article 2279, alinéa 2. Son champ d'application est donc le
même que celui de cet article. On ne peut donc l'invoquer qu'en ce qui touche les choses pour lesquelles
l'article 2279, alinéa 1 est le principe, et qui ne peuvent

(1) *Sic* : Aubry et Rau, II, § 183, p. 112, n. 15.

être revendiquées que dans les cas spéciaux de l'article 2279, alinéa 2, mais on peut l'invoquer pour tous les cas où cet article est applicable.

Reprenons ces deux idées. La première nous conduit à décider, en l'absence d'une disposition expresse en sens contraire de la loi du 30 mars 1887, que la revendication des meubles faisant partie du domaine public qui sont inaliénables et imprescriptibles, n'est pas soumise à la condition de remboursement imposée par cet article. Sans doute cette extension serait rationnellement désirable, l'intérêt général exigeant que la revendication soit possible à perpétuité, il semblerait en effet équitable et favorable à l'intérêt du crédit que l'acquéreur qui peut être inquiété un très grand nombre d'années après l'aliénation, fût indemnisé. Mais le texte ne nous paraît pas pouvoir être étendu, d'autant plus que la revendication des choses du domaine public ne doit pas subir le retard peut-être assez long qu'entraînerait l'obligation de payer une indemnité (1).

Mais d'autre part, avons-nous dit, il est permis d'invoquer l'article 2280 dans tous les cas où l'article 2279, alinéa 2, s'applique. Il en résulte notamment qu'en ce qui touche les valeurs au porteur comprises dans la mesure que nous avons précisée, dans le domaine de l'article 2279, alinéa 2, le remboursement s'imposera quand elles auront été achetées dans une bourse d'effets

---

(1) *Sic* : Baudry-Lacantinerie et Tissier, n° 910, p. 565. *Contrà*, Saleilles, *La loi du 30 mars 1887*, n°s 52 et 64.

publics. Mais la boutique d'un changeur n'est pas un marché public (1), les valeurs achetées par lui dans sa boutique peuvent être revendiquées sans qu'il lui soit possible d'invoquer l'article 2280. Si, d'autre part, l'opération inverse est réalisée, c'est-à-dire si un tiers achète des valeurs chez un changeur, nous croyons, que le changeur est bien un marchand de choses pareilles, et que les détenteurs des effets achetés chez lui peuvent invoquer l'article 2280. Sans doute, légalement la fonction des changeurs n'est pas la vente ou l'achat des titres, il y a à cet égard une simple tolérance, un usage qui ne constitue pas la loi ; mais la question doit être examinée plutôt en fait qu'en droit. Le bénéfice de l'article 2280 est fondé sur la bonne foi indiscutable, sur l'absence certaine de toute faute, de toute imprudence de la part de l'acheteur. Or l'usage presque universel permet l'achat chez les changeurs, l'acquéreur a donc commis une erreur inévitable et ne saurait encourir le plus léger reproche. Nous croyons donc que si le changeur achetant des titres chez lui ne peut pas invoquer l'article 2280, il en est autrement du tiers qui acquiert des titres dans le comptoir de ce changeur (2).

(1) Cf. Aubry et Rau, II, § 183, p. 111, n. 14 ; Laurent, XXXII, n° 590 ; Wahl, *op. cit.*, n° 1424. — Paris, 5 juin 1864 et 9 novembre 1864, D. 65.2.53 ; Cass., 21 novembre 1877, D. 78.1.424 ; Trib. Seine, 9 novembre 1892, 7 juin et 20 novembre 1893, *Gaz. Pal.* du 14 juin 1894.

(2) *Sic* : de Folleville, *op. cit.*, n° 143 ; Wahl, *op. cit.*, n° 1424. — *Contrà*, Vincent, *Revue pratique*, 1865, t. XXIX, p. 475 et *sq.* ; Ortlieb, *Des effets de la possession des meubles*, n° 67 ; Poincaré, *op. cit.*,

La loi du 30 mars 1887, dont nous avons plus haut indiqué la portée, a également réservé l'application de l'article 2280 (1). Nous ne nous occupons plus ici des meubles du domaine public dont nous avons parlé plus haut et pour lesquels l'article 2280 est inapplicable, nous envisageons seulement les meubles visés par la loi de 1887. Or la question qui se pose est de savoir qui devra supporter l'indemnité quand ce sera le ministre qui exercera la revendication ? Devra-t-il la payer lui-même ou au contraire pourra-t-il obliger l'ancien propriétaire à la payer ? Nous admettons la seconde solution ; c'est en effet, à notre avis, comme mandataire légal, au nom de l'établissement public, que le ministre exerce l'action, c'est à la charge de cet établissement propriétaire que doit rester l'indemnité. Il est vrai que le rapporteur de la loi au Sénat, M. Bardoux, semble s'être inspiré d'une idée différente : « Nous ferons remarquer, lit-on dans le rapport, que nous accordons le droit de poursuivre la nullité de l'aliénation au propriétaire intéressé aussi bien qu'au ministre de l'instruction publique et des beaux-arts ; le Conseil d'Etat a fait avec raison observer que du moment que l'objet mobilier est classé, le propriétaire n'était pas complètement propriétaire, mais plutôt un administrateur de personnes civiles... Quant au ministre, c'est comme

p. 198 et *sq.* — Laurent, XXXII, n° 591, voit là une question de fait : le changeur a-t-il ou non l'habitude d'acheter et de vendre des valeurs négociables ?

(1) Cf. Saleilles, *op.* et *loc. cit.*

représentant de l'État nu propriétaire qu'il intente l'action (1). L'État aurait, ainsi qu'on l'a soutenu, une sorte de domaine éminent sur les objets. Ces idées, rationnellement exactes, ne nous semblent pas pouvoir être soutenues, alors qu'elles ne s'appuient sur aucun texte (2).

C'est aussi parce que, à notre sens, l'article 2102, 1°, alinéa dernier, n'est qu'une application de l'article 2279, alinéa 2, et parce que la disposition de ce texte doit être étendue à tous les privilèges spéciaux sur les meubles, fondés sur une constitution expresse ou tacite de gage que, dans toutes ces hypothèses, nous croyons devoir accorder au tiers détenteur, s'il réunit les conditions de l'article 2280, le droit au remboursement du prix par lui payé. Cela nous semble une conséquence juridiquement inattaquable du principe que nous avons essayé d'établir.

La question, autrefois discutée pour le privilège du bailleur, et que la Cour de cassation avait résolue dans le sens de la négative (3), est réglée aujourd'hui dans notre sens par la loi du 11 juillet 1892, qui a ajouté à l'article 2280 un alinéa ainsi conçu : « Le bailleur qui revendique en vertu de l'article 2102 les meubles dé-

(1) *J. Off.*, 1886, *Doc. parl.*, p. 180.
(2) *Contrà*, Saleilles, *op. cit.*, n. 61.
(3) Cass., 31 octobre 1888, S. 89.1.321, note de M. Meynial ; 10 juillet 1889, S. 89.1.424. Les cours d'appel statuaient en ce sens : V. notamment Amiens, 27 juillet 1882, D. 83.5.369. — *Contrà* : Trib. de 1ʳᵉ instance : Gray, 3 mars 1881, D. 82.3.62 ; Montmédy, 20 août 1881, D. 82.3.62.

placés sans son consentement et qui ont été achetés dans
les mêmes conditions (celles de l'art. 2280, al. 1) doit
également rembourser à l'acheteur le prix qu'ils lui ont
coûté » (1). Et nous ne pensons pas que ce texte qui fait
spécialement application du droit de revendication du
bailleur doive être restreint à cette hypothèse. L'assimilation a été faite légalement pour un des privilèges
fondés sur le gage, mais les principes généraux doivent
à notre avis, entraîner la même solution pour tous les
privilèges de cette nature. Puisque nous leur avons appliqué l'article 2279, alinéa 2, nous devons leur appliquer
aussi, les raisons sont les mêmes, le tempérament de
l'article 2280.

Ajoutons pour terminer cette étude que l'article 2280
souffre des exceptions analogues à celles que souffre
l'article 2279, alinéa 2. Dans les cas prévus par la loi du
12-19 mai 1871 et la loi de 1872, le remboursement
n'est pas exigé (art. 2, L. 1871 ; art. 12 et 14 comparés
de la loi de 1872).

Enfin, par suite des lois et règlements spéciaux aux
monts-de-piété, maisons de prêts sur gages autorisées,
la jurisprudence décide que le revendiquant pour recouvrer la chose devra rembourser la somme pour
laquelle le meuble a été remis en nantissement. Mais
on admet la revendication sans remboursement préala-

---

(1) Cf. sur cette loi le commentaire publié par M. Schaffause
Rev. des lois nouvelles, 1892.1.445.

ble quand les règlements n'ont pas été observés, ou quand l'administration paraît avoir commis une imprudence manifeste (1).

(1) Cf. Cass., 21 juin 1857, D. 57.1.394. — Cpr. Aubry et Rau, II, § 183, p. 112 ; Poincaré, *op. cit.*, p. 193.

CONCLUSION

Nous avons ainsi achevé l'étude que nous nous étions
proposé de faire de la règle : « en fait de meubles possession vaut titre ». On pourrait voir là dans notre Code
civil un souvenir de la vieille maxime : *res mobilis, res
vilis*, une preuve de la défaveur attachée par les rédacteurs du Code aux choses mobilières et à la propriété de
ces choses. Certes, on ne pourrait pas soutenir que ce
mépris de la propriété mobilière déjà critiqué par
Pothier fût unanime chez tous les législateurs de 1804 ;
l'un d'entre eux, Treilhard, avait en effet aperçu l'importance plus grande que prenait la fortune mobilière,
et le rôle considérable qu'elle devait jouer dans l'avenir :
« Il fut un temps, disait-il (1), où les immeubles for-
maient la portion la plus précieuse du patrimoine des
citoyens, et ce temps peut-être n'est pas celui où les
mœurs ont été le moins saines. Mais depuis que les
communications, devenues plus actives, plus étendues,
ont rapproché entre eux tous les hommes de toutes les
nations ; depuis que le commerce, en rendant pour ainsi
dire les productions de tous les pays communes à tous
les peuples, a donné de si puissants ressorts à l'indus-
trie et a créé de nouveaux besoins, la fortune mobilière

(1) V. Fenet, Trav. prép., II, 1, *Dist. des biens*,

des citoyens s'est considérablement accrue, et cette ré-
volution n'a pu être étrangère ni aux mœurs ni à la
législation. » Pourtant, il est permis de croire que les
idées qui avaient contribué à la formation de notre règle
dans le droit ancien, étaient en grande partie ignorées
des rédacteurs du Code, et que, de même que les juges
du Châtelet, ils avaient été quelque peu dominés par le
peu d'importance de la valeur qu'ils attribuaient aux
meubles (1), et que cette idée qui, à l'époque de la féo-
dalité, ne fut pas sans quelque influence dans l'insuc-
cès de la théorie romaine, a joué un certain rôle en 1804
comme au XVIIIᵉ siècle dans la théorie de l'acquisition
de a propriété mobilière, et du droit de suite en matière
de meubles.

Cependant, un deuxième motif apparaît pour justifier
notre règle : c'est l'instabilité des meubles, la liberté, la
célérité nécessaires aux transactions commerciales, qui
ne comportent pas les formalités gênantes, les preuves
souvent difficiles lorsqu'il s'agit des meubles. On n'a pas,
nous l'avons souvent répété au cours de cette étude, l'habitude de rédiger des écrits pour l'aliénation des meubles,
et d'une façon générale, pour toutes les opérations juridiques qui portent sur des choses mobilières. Il est vrai
de dire aujourd'hui comme autrefois dans le droit germanique que le droit abstrait de propriété sur les meu-

(1) Bigot-Préameneu notamment fonde le rejet de la revendication sur la nécessité qu'il y a d'éviter des procédures très nombreuses qui excéderaient le plus souvent la valeur des objets en litige.

bles ne peut pas entrer en ligne de compte, parce que sa vérification entraînerait des retards incompatibles avec la rapidité du commerce, et qu'il est plus facile de l'incarner en quelque sorte dans le fait matériel de la possession. C'était bien, nous l'avons indiqué, l'une des raisons qui justifiaient dans le droit germanique la règle que les meubles n'ont pas de suite, mais ce qui autrefois était admis parce que le développement de la science juridique ne permettait pas encore de distinguer le droit, notion abstraite, de la possession qui était la plupart du temps la manifestation extérieure de ce droit, est admis au XVIIIᵉ siècle et dans le Code civil pour des motifs d'utilité pratique. La distinction juridiquement exacte du droit et du fait matériel, base de la théorie romaine, a disparu devant les nécessités économiques, et notre règle a de cette façon favorisé, d'une façon certaine, le développement des transactions mobilières.

Or, si l'on examine ces deux raisons qui législativement peuvent expliquer et expliquent en réalité chez nous les restrictions très considérables apportées au droit de suite en matière mobilière, il est facile de constater que la première est aujourd'hui complètement fausse, que la fortune mobilière a acquis une importance de plus en plus grande, et que les biens immobiliers jouent de nos jours un rôle de plus en plus effacé, comme élément de la richesse, soit publique, soit privée. Mais l'autre raison paraît aujourd'hui, avec le développement des relations commerciales, de plus en

plus exacte, de plus en plus conforme aux habitudes de
la pratique ; instabilité, défaut d'assiette des meubles,
impossibilité presque absolue de recourir à des écrits
pour constater les transactions mobilières, semblent
bien justifier suffisamment l'existence de la règle : « En
fait de meubles, possession vaut titre », et la limitation
du droit de suite en matière de meubles soit en ce qui
concerne le propriétaire, soit en ce qui concerne le créancier privilégié.

Or sur ce point, un premier reproche a été très exactement, à notre sens, adressé à la théorie du Code civil.
Les choses mobilières comprennent en effet à la fois des
choses, des objets corporels, et à côté, des droits, des
créances, ce qu'on a appelé des meubles incorporels.
Or cette assimilation, absolument contraire à toute
classification scientifique, rend très critiquable dans
une large mesure la maxime de l'article 2279. Il est
vrai que cette distinction s'est imposée malgré tout, et
qu'en général notre règle ne s'applique pas aux meubles
incorporels ; mais elle subsiste, nous l'avons vu, pour
quelques-uns.

Quoi qu'il en soit, au point de vue du domaine actuel
de l'article 2279, que penser de la seconde raison que
nous avons indiquée ? Dans ces limites notre règle peut-
elle se justifier ?

Nous croyons pour notre part que la propriété mobilière étant reconnue, la revendication par là même doit
exister au profit du propriétaire même contre un pos-

sesseur. Nous ne prétendons pas qu'on ne doive pas limiter en fait l'usage de la revendication, mais nous ne croyons pas que le législateur doive reconnaître pour l'exercice de cette action des impossibilités de droit. Sans doute, toutes les fois que l'identité du meuble, au sujet duquel le propriétaire exerce le droit de suite, ne pourra pas être établie, et nous admettons qu'il faut une preuve matérielle de la propriété, établie à la satisfaction du juge, la revendication échouera ; mais juridiquement elle est possible, et doit pouvoir être exercée, et à côté d'elle nous admettons l'existence de l'usucapion en matière mobilière.

Ceci une fois admis, il est certain qu'il faut faire intervenir cette idée qu'on ne peut pas arriver pour la propriété des meubles à une certitude aussi grande que pour la propriété immobilière. Cette différence se traduira notamment dans la pratique par l'inexistence de l'hypothèque sur les meubles, tout au moins pour ceux qui n'ont pas d'assiette fixe, par la suppression de l'action possessoire, et par des règles de preuve particulières. C'est aussi à cette idée que doit se rattacher l'inexistence du droit de suite au profit du créancier jouissant d'un privilège spécial sur les meubles. C'est ainsi que nous l'avons justifiée, mais nous avons été conduit, et législativement cette solution nous paraît devoir être maintenue, à décider que pour certains privilèges mobiliers, notamment ceux qui sont fondés sur un nantissement exprès ou tacite, il y aurait quelque chose d'analogue à la publicité. Le droit de suite devra être alors reconnu au créancier privilégié sur les meubles.

Nous ne saurions entrer dans de plus grands détails sur les réformes qui nous paraissent s'imposer, nous avons essayé seulement de dégager les deux idées qui doivent selon nous servir de base à la théorie que nous croyons exacte : d'une part, nécessité de reconnaître le droit de suite en matière mobilière, et d'autre part, nécessité d'admettre des différences entre le régime des meubles et celui des immeubles, à cause de la certitude moins grande des transmissions mobilières, et d'une façon plus générale du défaut de stabilité et de fixité de la propriété des meubles.

Vu :

Le Président de la thèse,

A. BOISTEL.

Vu :

Le Doyen,

E. GARSONNET.

Vu et permis d'imprimer :

Le Vice-Recteur de l'Académie de Paris,

GRÉARD.

TABLE DES MATIÈRES

Imp. G. Saint-Aubin et Thevenot. — J. THEVENOT, successeur, St-Dizier (Hte-Marne).

.